Der Emscher Landschaftspark
die grüne Mitte der Metropole Ruhr
Weitergedacht

Impulse aus dem Forschungsprojekt
„Nachhaltige urbane Kulturlandschaft in der Metropole Ruhr (KuLaRuhr)"

Herausgegeben von Jörg Dettmar und Hans-Peter Rohler

Herausgeber
TU Darmstadt – Fachbereich 15 – Architektur
Fachgebiet Entwerfen + Freiraumplanung
Prof. Dr. Jörg Dettmar
El-Lissitzky-Straße 1
64287 Darmstadt
www.freiraum.architektur.tu-darmstadt.de/freiraum
www.parkpflegewerk-elp2010.de

foundation 5+ landschaftsarchitekten
Dr. Hans-Peter Rohler
Karthäuserstraße 7-9
34117 Kassel
www.foundation-kassel.de

in Zusammenarbeit mit

Layout
Aylin Maria Akgöz, B. Sc.

Titelseite
Landschaftspark Duisburg Nord, Jörg Dettmar, 2012

Druckerei
Elbe Druckerei Wittenberg GmbH, Wittenberg

Verlag
Klartext Verlagsgesellschaft mbH
Heßlerstraße 37
45329 Essen
www.klartext-verlag.de

2015

ISBN   978-3-8375-1289-2

Das diesem Buch zugrundeliegende Verbundvorhaben wurden mit
Mitteln des Bundesministerium für Bildung und Forschung unter dem
Förderkennzeichen 033L020 (A-G) (FONA) gefördert.
Die Verantwortung für den Inhalt dieser Veröffentlichung liegt bei den
Autoren.

Inhaltsverzeichnis

Einleitung   5

01 _Jörg Dettmar   6
Der Emscher Landschaftspark als Schlüsselprojekt für
die nachhaltige Entwicklung der Metropole Ruhr

02 _Ulrich Carow   22
Perspektiven der regionalen Parkentwicklung: Emscher Landschaftspark 2020+

03 _Emanuel Grün   34
Perspektiven der Gewässer in der Metropole Ruhr

04 _Jörg Dettmar   44
Energieeffiziente Grünflächen und integrierte Freiflächenentwicklung
Ergebnisse aus dem Forschungsprojekt KuLaRuhr

04.1 _Jörg Dettmar | Sandra Sieber   46
Optimierung der Energieeffizienz von Siedlungen

04.2 _Jörg Dettmar | Heinz-Jürgen Achterberg | Michael Herz   58
Integration von Bergbaufolgestandorten in die Kulturlandschaft der Metropole Ruhr

04.3 _Jörg Dettmar | Hans-Peter Rohler | Martin Biedermann   74
Reintegration monofunktionaler Infrastrukturen in die urbane Kulturlandschaft

05 _Bianca Porath | Hans-Peter Rohler   92
Biomassennutzung im Emscher Landschaftspark als Beitrag für eine
nachhaltige urbane Kulturlandschaft in der Metropole Ruhr

06 _Rolf Born | Frank Bothmann | Ulrich Häpke   108
Denise Kemper | Bernd Pölling
Der Emscher Landschaftspark auf dem Weg zum Produktiven Park
– Urbane Landwirtschaft und Parkentwicklung: Erreichtes und die nächsten Schritte

07 _Michael Schwarze-Rodrian   120
New Yorks neue Parks und der Brooklyn Bridge Park
– Referenzen für das regionale Management des Emscher Landschaftsparks

08 _Podiumsdiskussion   130
Emscher Landschaftspark weitergedacht

Einleitung

Das vom Bundesministerium für Bildung und Forschung (BMBF) im Rahmen des Förderschwerpunkts „Nachhaltiges Landmanagement" geförderte Verbundvorhaben „Nachhaltige urbane Kulturlandschaft in der Metropole Ruhr (KuLaRuhr)" lief vom Mai 2011 bis Oktober 2014. Im Rahmen von KuLaRuhr arbeiteten fünf Universitäten (Uni Duisburg-Essen, TU Darmstadt, Ruhr Uni Bochum, TU Braunschweig, Uni Kassel), der Regionalverband Ruhr, die Landwirtschaftskammer NRW und weitere Institutionen zusammen. Schwerpunkt war dabei, Rahmenbedingungen und Möglichkeiten der Weiterentwicklung des Emscher Landschaftsparks (ELP) als zentrale „Grüner Infrastruktur" der Metropole Ruhr zu erforschen. Der Emscher Landschaftspark bildet als Regionalpark mit einer Gesamtfläche von über 450 km² die zentrale grüne Mitte dieser polyzentrischen Agglomeration. Seit der Internationalen Bauausstellung Emscher Park wird nun 25 Jahre an der Erhaltung, dem Betrieb und der Entwicklung des Emscher Landschaftsparks gearbeitet.

Im Mai 2014 fand auf dem Welterbe Zollverein in Essen zum Abschluss des Forschungsprojektes „KulaRuhr" ein Theorie-Praxis Dialog statt, bei dem zentrale Forschungsergebnisse einiger Teilprojekte zu Zukunftsthemen des ELP präsentiert und diskutiert wurden u.a.:

- Urbane Landwirtschaft als Partner im ELP
- Förderung regenerativer Energien - Nutzung von Biomasse aus der Grünflächenpflege
- Energieeffiziente Grünflächen im Kontext der energetischen Sanierung von Siedlungen
- Klimaschutz und Anpassungen an den Klimawandel Leistungen des ELP
- Zukünftige Integration von Brachflächen in den ELP
- Integration verschiedener Infrastrukturen in den ELP
- Trägerschaft und Parkmanagement des ELP

Bestandteil dieser Veranstaltung war auch eine Podiumsdiskussion zum Thema „Emscher Landschaftspark weitergedacht" mit verschiedenen Akteuren aus Kommunen der Metropole Ruhr, dem Regionalverband Ruhr, der Emschergenossenschaft und des Städtebauministeriums NRW. Die gesamte Diskussion ist ebenfalls in diesem Buch dokumentiert. Ziel des Buches ist, die aktuellen Forschungen und Positionen zum Emscher Landschaftspark einer breiteren Fachöffentlichkeit und interessierten Bürgern zugänglich zu machen.

In verschiedenen Teilprojekten des Forschungsverbundes „KuLaRuhr" wurden die Möglichkeiten und Perspektiven der Trägerschaft des ELP und Inhalte des zukünftigen Parkmanagements untersucht. Der Schlüssel zum Erfolg liegt dabei vor allem in der intensiven Zusammenarbeit zwischen dem Träger Regionalverband Ruhr, den beteiligten 21 Kommunen und der Emschergenossenschaft. Gerade durch den Umbau des Emschersystems ergeben sich vielfältige Entwicklungschancen für die Metropole Ruhr u.a. auch für eine integrierte Entwicklung von „Grüner und Blauer Infrastruktur".

01

_Jörg Dettmar

Der Emscher Landschaftspark als Schlüsselprojekt für
die nachhaltige Entwicklung der Metropole Ruhr

Der Emscher Landschaftspark als Schlüsselprojekt
für die nachhaltige Entwicklung der Metropole Ruhr _ 01

Das Forschungsprojekt Kula Ruhr - Ziele und Orte

Das vom BMBF geförderte Verbundvorhaben „Nachhaltige urbane Kulturlandschaft in der Metropole Ruhr (KuLaRuhr)" hat sich von 2011 bis 2014 u.a. mit der Weiterentwicklung des Emscher Landschaftsparks beschäftigt. Im Rahmen von KuLaRuhr arbeiteten insgesamt fünf Universitäten (Universität Duisburg-Essen, TU Darmstadt, Ruhr Universität Bochum, TU Braunschweig, Universität Kassel), der Regionalverband Ruhr, die Landwirtschaftskammer NRW und weitere Institutionen zusammen.

Übersicht über die an dem Verbundforschungsprojekt KuLaRuhr beteiligten Institutionen

Forschungspartner|Universitäten
- Universität Duisburg-Essen (Verbundprojektleitung)
- Technische Universität Darmstadt
- Ruhr-Universität Bochum
- Universität Kassel
- Technische Universität Braunschweig

Praxispartner
- Regionalverband Ruhr (RVR)
- Landwirtschaftskammer NRW
- Emschergenossenschaft/Lippeverband
- Stadt Bottrop

Das Projekt ist in drei thematische Cluster gegliedert. Cluster 1 umfasst jene Projekte mit größerem Flächenbezug, Cluster 2 enthält lokal begrenzte Fallbeispiele und Cluster 3 vor allem Bewertungsaspekte. Das Forschungsprojekt war inter- und transdisziplinär angelegt; hier arbeiteten Landschaftsarchitekten, Stadtplaner, Ökologen, Biologen, Siedlungswasserwirtschaftler, Meteorologen, Betriebswirte, Logistiker, Juristen und Vertreter anderer Disziplinen zusammen.

Übersicht über die thematischen Cluster des Verbundforschungsprojektes KuLaRuhr

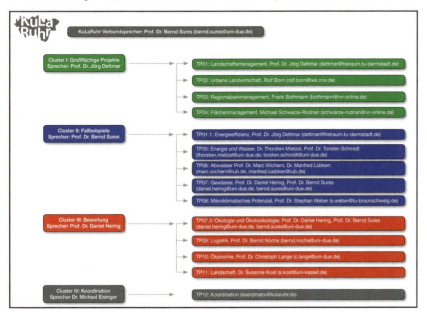

Die Kernfragen von KuLaRuhr waren – mit Bezug zum BMBF Förderschwerpunkt Nachhaltiges Landmanagement (siehe http://nachhaltiges-landmanagement.de/): Wie kann es gelingen in der Metropole Ruhr eine nachhaltige urbane Kulturlandschaft aufzubauen, und was sind dabei besonders wichtige Elemente bzw. Themen?

Das Ruhrgebiet – bezogen auf das Verwaltungsgebiets des Regionalverbandes Ruhr (RVR) - wird heute vor allem vom RVR als „Metropole Ruhr" bezeichnet (siehe www.metropoleruhr.de). Offensiv benutzt wurde dieser Titel im Kontext der Kulturhauptstadt 2010. Dahinter steht eine längere Diskussion um die zukünftige Rolle und Struktur des Ruhrgebietes, in der u.a. auch die Bildung einer zentralen Ruhrstadt diskutiert wurde (siehe Tenfelde 2002). Mit der Bezeichnung Metropole Ruhr wird die polyzentrale Struktur nicht mehr in Frage gestellt, sondern als besondere Stärke und eigene Charakteristik einer „anderen" Metropole herausgestellt. In diesem Sinne ist der Begriff vor allem ein programmatisches Label.

Es ist hier nicht notwendig, den Begriff „Urbane Kulturlandschaft" näher zu definieren. Im letzten Jahrzehnt hat es erneut eine sehr intensive Diskussion über Kulturlandschaften generell und speziell auch über die Frage, inwieweit städtische Räume Kulturlandschaften sein können, gegeben (siehe u.a. Schenk et al 2012). Stellenweise hat man den Eindruck, dass die verschiedenen an der Diskussion beteiligten Vertreter für ihre jeweilige Disziplin, v.a. Geographie, Landschaftsarchitektur, Stadtplanung, Architektur und Kulturwissenschaften, die Deutungshoheit erringen wollen. Bezogen auf die spezielle Situation des Ruhrgebietes im Kontext der Weiterentwicklung einer alten Industrieregion wurde die Frage einer Urbanen Kulturlandschaft bereits ausführlich behandelt (siehe u.a. Dettmar 2010).

Ganz pragmatisch lässt sich feststellen, dass das Ruhrgebiet eine polyzentrale Agglomeration ist, deren Siedlungsanteil rein statistisch rund 40% ausmacht. Freiräume in unterschiedlichster Form und Ausdehnung prägen den Charakter dieses Raums maßgeblich. In diesem Sinn erscheint der Terminus Städtelandschaft oder auch „Stadtlandschaft" angemessen, wenn damit auch nicht das städtebauliche Leitbild der 1950er Jahre gemeint ist. Von der Stadtlandschaft zur „urbanen Landschaft" ist es nur ein kurzer Weg, auch wenn damit die Komplexität des Begriffes „urban" vernachlässigt wird. Die kulturelle Dimension von Landschaft ist immer komplex und die Dichotomie von Stadt und Landschaft längst Vergangenheit. Insofern kann man die Bezeichnung „Urbane Kulturlandschaft" sowohl als simple Inwertsetzungsstrategie, als auch als komplexeres Denkmodell für die durch die menschliche Nutzung verursachte Transformation eines Raumes verstehen.

Auch auf eine intensivere Diskussion dessen was „Nachhaltige Entwicklung" ist, wird hier verzichtet. Die interdisziplinäre Annäherung an Nachhaltigkeitsindikatoren hat im Forschungsprojekt KuLaRuhr einen breiten Raum eingenommen und wurde am Beispiel einzelner Projekte intensiver untersucht (www.kularuhr.de). Bei der Konzeption des Forschungsprojektes wurden die drei Schwerpunkte Fläche, Wasser und Energie als drei große Handlungsfelder für die zukünftige Entwicklung der Region ausgewählt. Die nachhaltige Nutzung der hier zugrunde liegenden Ressourcen ist eine wesentliche Voraussetzung dafür, dass die Metropole Ruhr dauerhaft einen attraktiven Lebensraum bieten kann.

Der Emscher Landschaftspark als Schlüsselprojekt
für die nachhaltige Entwicklung der Metropole Ruhr _ 01

Emscher Landschaftspark und Emscherzone

In der Metropole Ruhr wurde der Untersuchungsraum im Wesentlichen auf den Emscher Landschaftspark (ELP) konzentriert. Da die verschiedenen Phasen der inzwischen über 25 jährigen Entwicklungsgeschichte des ELP bereits ausführlich beschrieben und dokumentiert sind, ist eine Wiederholung hier nicht notwendig.

Kulisse des Emscher Landschaftsparks

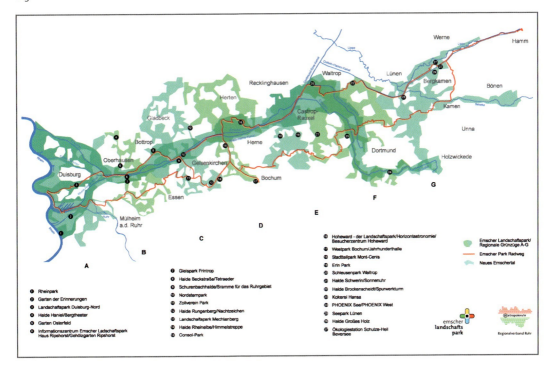

Der bislang geleistete systematische Aufbau einer regionalen grünen Infrastruktur in einem Ballungsraum ist in vielerlei Hinsicht weltweit einzigartig. Der Emscher Landschaftspark ist heute ein 458 km² großer und gut ausgebauter Regionalpark, der sich räumlich vor allem in der sogenannten „Emscherzone" befindet. Die Emscherzone bezieht sich auf den Fluss Emscher, geht aber über die naturräumliche Einheit „Emscherland" hinaus. Sie ist eine strukturell-planerische Einheit, die seit der IBA Emscher Park (1989–1999) ein rund 800 km² umfassendes Gebiet im Zentrum der Metropole Ruhr bezeichnet, das am stärksten durch die Industrialisierung und Urbanisierung überformt wurde.

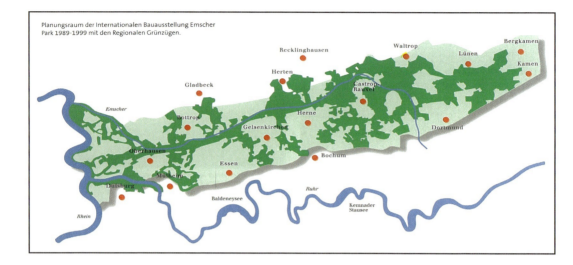

Emscherzone – Abgrenzung nach dem Planungsraum der IBA Emscher Park

Die Emscherzone hat mit über 2000 EW/km² nach wie vor die höchste Einwohnerdichte sowie die höchste Besiedlungs- und Infrastrukturdichte der Metropole Ruhr (siehe http://www.metropoleruhr.de/regionalverband-ruhr/statistik-analysen/statistik-portal.html). Ebenso konzentrieren sich hier besonders die sichtbaren Folgen des Strukturwandels, wie z.B. der Arbeitsplatzabbau, die Flächenstilllegungen und Brachflächen. In der Emscherzone gibt es heute die größten ökonomischen und sozialen Probleme der Metropole Ruhr. Weitere Indikatoren dafür sind u.a. die Arbeitslosenzahlen und die Zahl der Hartz IV - Empfänger (siehe www.metropoleruhr.de/regionalverband-ruhr/statistik-analysen/statistik-portal.html). Auch die Ergebnisse verschiedener Armutsberichte in den letzten Jahren (siehe u.a. http://www.der-paritaetische.de/armutsbericht2012/trends/) bestätigen dieses Bild. Insofern verwundert es auch nicht, dass die Emscherzone einen Schwerpunkt im Programm Soziale Stadt NRW darstellt. Von den insgesamt 89 seit 1993 in NRW durchgeführten Projekten liegen 37 im Ruhrgebiet und 27 davon befinden sich in der Emscherzone (siehe www.soziale-stadt.nrw.de/stadtteile_projekte/stadtteilprofile.php). Auch die Zukunftsperspektive sieht kritisch aus, wenn man z.B. den Zukunftsatlas der Regionen 2013 von Prognos betrachtet; hier werden die einwohnerstarken Städte im Ruhrgebiet (große Teile der Stadtflächen liegen in der Emscherzone) in die Gruppe mit erheblichen Zukunftsrisiken eingestuft (siehe www.prognos.com/fileadmin/pdf/publikationen/trendletter/1401_trendletter_Wachstum_der_Regionen.pdf).

Auch bei der Umweltqualität gibt es in der Emscherzone Probleme, wenn man Umweltstressoren wie z.B. Feinstaub, Stickstoffdioxid, Stickoxide oder auch Lärm betrachtet(siehehttp://www.lanuv.nrw.de/luft/immissionen/ber_trend/Jahreskenngroessen_2013_LUQS_kontinuierlich_20140212.pdf). Arbeitslosigkeit, Armut und Umweltbelastungen spielen für die im Ruhrgebiet insgesamt niedrigere Lebenserwartung und höhere Mortalitätsraten infolge ischämischer Erkrankungen (siehe Klapper et al 2007) gegenüber dem Rest von NRW eine zen-

Der Emscher Landschaftspark als Schlüsselprojekt für die nachhaltige Entwicklung der Metropole Ruhr _ 01

trale Rolle. Die ist in der Emscherzone noch einmal ein verschärfter Fall.
Diese Problemlage war bereits Ende der 1980er Jahre ähnlich und eine drastisch negative Prognose für die Zukunft war damals u.a. ein entscheidender Grund für die Durchführung der IBA Emscher Park in der Emscherzone. Zentraler Ansatz der IBA war die Verbesserung der weichen Standortfaktoren, insbesondere der landschaftlichen und städtebaulichen Qualitäten in der Emscherzone. Die Ergebnisse sind bekannt und ebenfalls ausreichend dokumentiert (siehe u.a. TU Dortmund 2008). Die IBA Emscher Park gilt als Erfolg, obwohl die harten ökonomischen und sozialen Daten, wie oben dargestellt, die Emscherzone heute nach wie vor als Problemfall ausweisen. Man kann allerdings auch vermuten, dass ohne die gelungene Aufwertung die Zukunftsprognosen für diesen Raum noch wesentlich negativer wären. Der gelungene Imagewandel fand vor allem hier statt und bezieht sich wesentlich auf Projekte, Bilder und Veranstaltungen des Emscher Landschaftsparks. Wahr bleibt aber auch, dass die Zukunftsperspektive der Metropole Ruhr entscheidend abhängt von der weiteren Entwicklung der Emscherzone.

Imagewandel in der Metropole Ruhr: das Beispiel Landschaftspark Duisburg-Nord

Der Emscher Landschaftspark bildet heute in der Emscherzone die zentrale grüne Infrastruktur der Metropole Ruhr und hat große Bedeutung für die Lebensqualität der Ruhrgebietsbewohner (siehe RVR 2014). Diese grüne Infrastruktur bietet regionalen und lokalen Erholungs- und Freizeitraum und ist die räumliche Basis des Netzwerks der Industriekultur. Der ELP bietet Bewegungsraum, Natur- und Kulturerlebnis und ist damit eine auch aktive Maßnahme der Gesundheitsvorsorge. Die grüne Infrastruktur leistet viel für den klimatischen Ausgleich, die Frischluftversorgung und Lufthygiene. Sie ist ein entscheidendes Element in der Klimaanpassungsstrategie der Metropole Ruhr.
Aus diesen Gründen war es naheliegend, sich im Rahmen von KuLaRuhr intensiv mit der Erhaltung, Unterhaltung und Weiterentwicklung des ELP zu befassen. Der angesprochene Fokus auf die Themen Fläche, Wasser und Energie ist mit Bezug auf diese Kulisse nachvollziehbar.

Thema Fläche

Durch das offizielle Ende des Bergbaus in der Metropole Ruhr im Jahr 2018 werden zahlreiche weitere Industrieflächen brachfallen (siehe u.a. http://www.konzept-ruhr.de/konzept-ruhr/wandel-als-chance.html). Dies bietet erneut erhebliche Potentiale für die Erweiterung des ELP, insbesondere auch für eine verbesserte Anbindung von Stadtquartieren. Wie in der Vergangenheit ist ab-

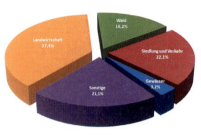

Flächennutzungen im Emscher Landschaftspark RVR 2012

Titelblatt der Broschüre Bauernhoferlebnisse in der Metropole Ruhr, herausgegeben vom RVR und der Landwirtschaftskammer NRW

sehbar, dass auch bei diesen Flächen große Teile – mangels entsprechender Bedarfe oder vorhandener Restriktionen – nicht erneut baulich genutzt, sondern zu öffentlichen Freiflächen umgewandelt werden müssen. Einbezogen in die Untersuchung im Rahmen von KuLaRuhr wurden aber auch ältere Brachen, bei denen sich aufgrund unterschiedlichster Hemmnisse über mehrere Jahrzehnte nichts bewegt hat.

Ziel war die Ermittlung der Potentiale dieser Flächen für eine Integration in den ELP, teilweise auch in Kombination mit einer eventuellen erneuten baulichen Nutzung zu einem späteren Zeitpunkt. Szenarien und Testentwürfe bilden die Basis einer Bewertung möglicher Entwicklungsrichtungen aus der Nachhaltigkeitsperspektive (siehe Beitrag von Dettmar et al. in diesem Buch).

Schaut man sich die Flächenstatistik des ELP an, werden die großen Anteile von Landwirtschaft (37,4 %) und Forstwirtschaft (16,2 %) deutlich. Obwohl dies über 50% der Gesamtfläche ausmacht, haben sie bislang in der Entwicklung und dem Management des ELP nur eine sehr untergeordnete Rolle gespielt.

Im Rahmen von KuLaRuhr wurde über die beteiligte Landwirtschaftskammer NRW im Verbund mit dem Regionalverband Ruhr erstmalig die stärkere inhaltliche Integration der landwirtschaftlichen Flächen in den ELP geschaffen (siehe Beitrag Born et al. in diesem Buch). Mit dem Zukunftsforum Urbane Landwirtschaft ist eine Informationsplattform bei der Landwirtschaftskammer entstanden, die grundlegend über die Besonderheiten der Landwirtschaft im ELP informiert und Angebote und Leistungen der Bauernhöfe im ELP für Besucher präsentiert (siehe auch RVR/LWK NRW 2014). Die stärkere Integration der Landwirtschaft hat auch das Ziel, dauerhafte Allianzen zwischen der Landwirtschaft, dem Landschafts- und Naturschutz sowie dem Regionalparkmanagement zu schaffen, um sich gemeinsam gegen eine weitere Inanspruchnahme landwirtschaftlicher Flächen für eine Siedlungserweiterung zu stellen (siehe auch Fachbeitrag Landwirtschaft zum Regionalplan http://www.landwirtschaftskammer.de/landwirtschaft/landentwicklung/regionalentwicklung/pdf/fachbeitrag-ruhr.pdf).

Das Management, die Unterhaltung und Pflege des ELP bedeutet eine große Herausforderung für die Region. In besonderer Weise gilt dies für die öffentlichen Grünflächen und Wegesysteme im ELP. Hier sind vor allem die Kommunen und der Regionalverband Ruhr in der Verantwortung. Diese Flächen machen ca. 20 % der Gesamtkulisse aus und sind für den Charakter des ELP besonders wichtig. Dies gilt verstärkt für die sogenannten Leuchtturmprojekte, wie den Landschaftspark Duisburg-Nord, die Halde Beckstraße mit dem Tetraeder in Bottrop oder den Westpark an der Jahrhunderthalle in Bochum (siehe ausführliche Darstellung in RVR 2010, 2014). Darüber hinaus sind aber auch gerade jene kommunalen Flächen wichtig, die die regionalen Grünzüge des ELP in die Stadtteile und Quartiere hinein vernetzen und damit für die direkte Zugänglichkeit entscheidend sind. Damit verbunden sind die Wegesysteme in den Grünzügen bis hin zum überregionalen Emscherpark Radweg. Die Wege sind maßgeblich für die Nutzbarkeit und damit Qualität des ELP.

Die sehr eingeschränkten finanziellen Ressourcen der Träger bestimmen das Maß der heutigen Pflege. Gleichzeitig bedarf der ELP als regionales System einer zwischen allen Beteiligten abgestimmten regionalen Pflegestrategie auf der Basis vereinbarter Qualitätskriterien. Ein entsprechendes Modell wurde in einem BMBF - Forschungsprojekt der TU Darmstadt entwickelt und in zwei regionalen Grünzügen getestet (siehe Dettmar & Rohler 2010). Dieses Modell wurde aber bislang aufgrund mangelnder Personal- und Finanzressourcen vom Regionalverband Ruhr im Rahmen seiner Trägerschaft des ELP nicht weiter verfolgt (siehe RVR 2014). Darüber hinaus gibt es bislang nur für die 15 besonders wichtigen Leuchtturmprojekte mit den kommunalen Trägern abgestimmte Pflegekonzepte, die die Basis einer auf zunächst 10 Jahre (2006 - 2016) angelegten finanziellen Unterstützung der Pflege durch das Land NRW ist (siehe RVR 2014). Im Rahmen von KuLaRuhr wurde das Thema Pflege im Kontext der Weiterentwicklung des Parkmanagements durch den RVR erneut thematisiert. Dies ist auch eingeflossen in das Handlungsprogramm ELP 2020+, das der RVR 2013/2014 gemeinsam mit allen beteiligten Kommunen entwickelt hat (siehe RVR 2014).

Die urbane Kulturlandschaft der Metropole Ruhr, insbesondere in der Emscherzone, wird maßgeblich durch die hohe Dichte an Infrastrukturen geprägt. Auch im Emscher Landschaftspark machen Infrastrukturflächen für Straßen, Bahntrassen, Schifffahrtskanäle, Emscher als Abwassersystem sowie Energietrassen rund 12 % der Fläche aus. Diese „Infrastrukturlandschaft" wird stark geprägt durch die Eigenlogik der jeweiligen Träger. Sie ist fokussiert auf die jeweils definierte gesetzliche oder ökonomische Funktion. Die Verbindung mit dem restlichen Raum, über die funktionalen Aspekte hinaus, folgt in der Regel nur dem gesetzlich vorgeschriebenen Maß. Alle Infrastrukturen haben Neben-, Begleit- und Restflächen, die oftmals begrünt sind und durch die Träger unterhalten werden. Dieses „Begleitgrün" macht 5 % der Gesamtfläche des Emscher Landschaftspark aus. Das ist flächenmäßig mehr als die schon erwähnten 15 Leuchtturmprojekte des ELP zusammen. Für die Frage einer Weiterentwicklung des ELP im Sinne einer integrierten nachhaltigen Kulturlandschaft ist der Umgang mit den Infrastrukturflächen in vielerlei Hinsicht essentiell. Mit der Infrastruktur sind Themen wie z.B. Mobilität, Verkehr, Energie, Wassermanagement, Umweltqualität eng verknüpft.

Im Rahmen von KuLaRuhr wurde untersucht, inwieweit eine verbesserte Einbindung in den ELP erfolgen kann (siehe auch Beitrag von Dettmar & Rohler in diesem Buch). Vergleichsweise gut funktioniert dies im Rahmen des Umbaus des Emschersystems, wo begleitende Wegesysteme und Uferränder mit dem ELP vernetzt werden. Weitere positive Beispiele sind der Kultur-Kanal und die Autobahn-Projekte im Rahmen der Kulturhauptstadt 2010 (Parkautobahn A42, siehe www.parkautobahn.de sowie B1/A40 – Die Schönheit der großen Straße, siehe www.planung-a40-b1.de), die auf unterschiedlichen Ebenen an der Einbindung

Parkautobahn A42 im Emscher Landschaftspark – Gestaltung des Autobahnkreuzes Castrop-Rauxel

Der Ansatz ist also nicht, die Infrastrukturen in Frage zu stellen, auch nicht die Aufgaben und Zuständigkeiten der jeweiligen Träger, sondern auszuloten, welche Spielräume einer veränderten Nutzung, Pflege und Gestaltung im Rahmen dieser „Eigenlogik" der Systeme bestehen um zu einer verbesserten ökologischen, ökonomischen und gestalterisch - ästhetischen Verknüpfung mit dem Emscher Landschaftspark zu gelangen. Die Untersuchung der jeweiligen Regelwerke der Träger ergab erstaunliche Spielräume, allerdings bedarf es der Information, Koordination und Integration der verschiedenen Träger. Dies ist eine umfangreiche und ambitionierte Aufgabe für ein integriertes Parkmanagement. Der RVR sieht sich allerdings aufgrund mangelnder Ressourcen dazu zurzeit nicht in der Lage.

Thema Energie

Die stärkere Nutzung regenerativer Energien ist ein wesentlicher Baustein zur Entwicklung einer nachhaltigen urbanen Kulturlandschaft. Im Kontext des ELP ergeben sich hierzu eine Reihe von Themen und Handlungsfeldern z.B. Windkraft auf Halden, Biomassenutzung oder Grubengasnutzung. Unter dem Titel „Ernten statt pflegen" wurde im Rahmen von KuLaRuhr vertieft untersucht, inwieweit eine energetische Nutzung der bei der Grünflächenpflege anfallenden Biomasse möglich und sinnvoll ist. Die Hypothese war, dass eine koordinierte regionale Biomassestrategie im ELP, bezogen auf die energetische Verwertung von Grünschnitt und Landschaftspflegematerial, nicht nur ein Beitrag zur Förderung regenerativer Energien ist, sondern auch helfen kann, die Pflege im ELP nachhaltig ökonomisch und ökologisch zu unterstützen. Unter Beachtung der aktuellen und zukünftigen Rahmenbedingungen, z.B. hinsichtlich der Einspeisevergütung, wurden die ökonomischen Spielräume bestimmt. Allerdings wurde auch deutlich, dass nur der Zusammenschluss mehrerer großer Flächeneigner (Kommunen, regionale Organisationen, Privateigentümer) ausreichende Mengen an Biomasse aus der Pflege von Grünflächen erbringen. Gleichzeitig ist aber eine Steuerung dieser Zusammenarbeit notwendig, dies ist aus Sicht der beteiligten Forscher ein wichtiges Zukunftsfeld des Parkmanagements (siehe Beitrag von Rohler & Porath in diesem Buch).

Das Thema Energie in Bezug auf Grünflächen stand auch in einem anderen Teilprojekt von KuLaRuhr im Mittelpunkt (siehe auch Beitrag von Dettmar & Sieber in diesem Buch). Die Ausgangsfrage lautete: Welche Beiträge können Grünflächen in Siedlungen, insbesondere im Gebäudenahbereich, bei der energetischen Optimierung von Siedlungen spielen? Die Sanierung des Altbaubestandes ist eine zentrale Herausforderung für den Klimaschutz in Hinblick auf die Einsparung von CO_2 Emissionen und insofern auch wichtig für die Nachhaltigkeitsstrategie der Metropole Ruhr. Am Beispiel des Handlungsraums der Innovation City Ruhr in Bottrop (siehe http://www.icruhr.de/) wurden auf der Basis energetischer Stadtraumtypen (siehe http://www.eneff-stadt.info/fileadmin/media/Projektbilder/Planungsinstrumente/UrbanReNet/Abschlussbericht_UrbanReNet_Phase_I.pdf) energetische Kennzahlen ermittelt und für ausgewählte Siedlungen die Potentiale des Einsatzes verschiedener Formen der regenerativen Energieerzeugung bestimmt.

Im Rahmen der Sanierung größerer Siedlungen werden von den Wohnungsunternehmen oft auch die Grünflächen umgestaltet. Dabei geht es in der Regel um die Verbesserung der Qualität, der Nutzbarkeit und der Pflegeeffizienz. Energetische Belange spielen dort bislang keine Rolle.

Mittels Szenarien und Testentwürfen wurde in ausgewählten Siedlungen in Bottrop untersucht, inwieweit die energetische Verwertung des Grünschnitts aus der Pflege sowie ein gezielter Biomasseanbau sinnvolle Beiträge leisten können. Darüber hinaus simulierte man stadtklimatische Wirkungen unterschiedlicher Freiflächengestaltungen in ausgewählten Siedlungen. Kühlungseffekte im Sommer und die Reduktion von auskühlenden Winden in den kälteren Jahreszeiten lassen sich z.B. durch eine gebäudenahe Vegetation erzielen. Dies sind einfache Zusatzmaßnahmen zur Unterstützung der energetischen Optimierung der Gebäude.

Thema Wasser

Der nachhaltige Umgang mit Wasser ist ein weiterer zentraler Baustein in der Entwicklung der urbanen Kulturlandschaft der Metropole Ruhr. Dies gilt insbesondere in Bezug auf die Themen dezentrales Regenwassermanagement, Hochwasserschutz, Bewirtschaftung der bergbaubedingten Polderflächen („Ewigkeitslasten des Bergbaus") sowie Erhaltung und Entwicklung attraktiver Fließ- und Stillgewässer. Der Umbau des Emschersystems ist sicher eines der wichtigsten Zukunftsprojekte der Metropole Ruhr. Der integrierte Ansatz des Umbaus von einer Abwasserinfrastruktur zu einem ökologisch intakten, aber auch attraktiven Gewässersystem in einer urbanen Landschaft berührt alle oben genannten Punkte (siehe auch Beitrag von Emanuel Grün in diesem Buch).

Im Rahmen von KulaRuhr haben sich verschiedene Teilprojekte mit dem Emschersystem beschäftigt, z.B. in Hinblick auf spezielle Schadstoffbelastungen oder die Entwicklung der Biodiversität umgebauter Gewässer (siehe www.kularuhr.de). Übergreifend ging es in verschiedenen Teilprojekten immer wieder um die Frage der zukünftigen Vernetzung zwischen dem ELP und dem Emschersystem. Die umgebauten Gewässer bis hin zum vermutlich 2020 neu gestalteten Emscher-Hauptlauf sind die zentralen Lebensadern bzw. das Rückgrat im System der regionalen Grünzüge des ELP. Die Verbindung von Gewässer und angrenzender Landschaft und die Anbindung begleitender Wege ist Gegenstand der Umbauplanung. Trotzdem bleiben in Hinblick auf ein integriertes Parkmanagement noch Fragen offen, z.B. hinsichtlich der Entwicklung und Pflege neuer Grünflächen und der Anbindung und Entwicklung von Siedlungsbereichen. Auch in der Diskussion mit dem projektbegleitenden Beirat wurde deutlich, dass hier eine weitere Koordination zwischen den beiden Großprojekten Emscher und ELP sinnvoll und notwendig ist. Im Rahmen der Podiumsdiskussion mit verschiedenen Akteuren aus der Metropole Ruhr zum Theorie-Praxis-Dialog von KulaRuhr Mitte Mai 2014 spielte dies ebenfalls eine zentrale Rolle (siehe Dokumentation der Diskussion in diesem Buch).

Stand der Dinge – der Emscher Landschaftspark im Jahr 2⦁

Der Emscher Landschaftspark hat nun ein Viertel Jahrhundert Entwicklungszeit hinter sich, und es ist von außen betrachtet eindrucksvoll, was hier entstanden ist. Im Kontext der Kulturhauptstadt 2010 hat der RVR das neue Leitbild „Produktiver Park" ausgegeben, dies hat man als Basis genommen für die in der Diskussion mit den Kommunen entstandene neue Programmatik „Emscher Landschaftspark 2020+" (siehe Beitrag von Carow in diesem Buch). Hier werden die wichtigsten Zukunftsthemen, die räumlichen Entwicklungsschwerpunkte und Eckpunkte der zukünftigen Organisation dargestellt. Der RVR hat darüber hinaus mit dem Evaluierungsbericht 2014 zur Trägerschaft des ELP sehr ausführlich und umfassend den Stand der Entwicklung dargestellt (siehe RVR 2014).

Dies ist die dringend notwendige Reaktion auf durchaus vorhandene Risiken für die Zukunft des ELP. Die weitere Finanzierung aus dem Ökologieprogramm Emscher Lippe (ÖPEL) des Landes ist bislang nicht gesichert. Aus dem ÖPEL wurden seit 1991 jährlich rund 15 Mio. € für die Entwicklung des ELP zur Verfügung gestellt. Dies wurde durch Mittel der EU noch erheblich ergänzt (siehe http://www.bezreg-muenster.de/startseite/abteilungen/abteilung5/Dez_51_Natur_und_Landschaftsschutz_Fischerei/Oepel/index.html). In Bezug auf das Programm ELP 2020+ mussten für die nächste Förderphase der EU, u.a. im Rahmen von EFRE, und anderen Förderprogrammen mussten entsprechende Projekte und Maßnahmen konzipiert werden. Neben weiteren investiven Maßnahmen muss auch sichergestellt werden, dass die auf der Basis des Trägerschaftsvertrages vereinbarte und 2016 auslaufende zehnjährige Co-Finanzierung der Pflege innerhalb der Leuchtturmprojekte fortgeschrieben wird. Auch hier ist nicht absehbar, ob das Land diese Unterstützung fortsetzt. Ohne die 50 % Förderung von Pflegekosten der Projektträger für die im ELP besonders wichtigen Leuchtturmprojekte wie z.B. dem Landschaftspark Duisburg-Nord, würde sich die Qualität der Pflege – angesichts der katastrophalen Haushaltslage der Kommunen – zwangsläufig verschlechtern.

Die Gründe für die Zurückhaltung des Landes, bis heute keine weitere Förderzusagen zu geben, werden nicht offen dargelegt. Insofern bleiben vor allem Hintergrundgespräche und Vermutungen. Eine Rolle spielt dabei sicher die weiter verschärfte Haushaltssituation des Landes und damit die Notwendigkeit zu sparen. Offensichtlich ist aber auch, dass der grüne Umweltminister Johannes Remmel (seit 2010) andere Schwerpunkte setzt, z.B. in Richtung Klimaschutz, Energiewende und stärkere Bürgerbeteiligung. Der Automatismus der konstanten Weiterförderung des ELP wird zumindest in Frage gestellt. Einzelne Irritationen, z.B. bei der Frage, inwieweit eine Fortsetzung des Ausbaus des Radwegesystems im Emscher Landschaftspark möglich ist, hat es bereits mehrfach – zuletzt im Sommer 2013 – gegeben. Da mag auch hineinspielen, dass die Metropole Ruhr traditionell nicht gerade eine Hochburg der grünen Klientel ist.

Weitere Risiken liegen in der schwierigen ökonomischen Lage der Kommunen der Metropole Ruhr. Die Handlungsfähigkeit ist erheblich eingeschränkt, die Finanzaufsicht ist fokussiert auf Pflichtaufgaben, wozu die Unterhaltung von Grünflächen nicht gehört. Hier droht der Verlust von Qualitäten, der für die Nutz-

Der Emscher Landschaftspark als Schlüsselprojekt
für die nachhaltige Entwicklung der Metropole Ruhr _ 01

barkeit, Attraktivität und Akzeptanz des ELP gefährlich werden kann. Dies gilt ganz besonders für die bereits mehrfach erwähnten Leuchtturmprojekte (siehe RVR 2014), wenn der Pflegezuschuss des Landes wegfällt.

Kommunale Sparzwänge bedeuten fast automatisch immer auch Diskussionen über die Verbandsumlage zur Finanzierung des RVR in einzelnen Kommunen. Auch der RVR steht unter massiven Sparzwängen, und in der Wahrnehmung dessen, was aus dem Leistungsspektrum des RVR als besonders wichtig angesehen wird, gibt es unterschiedliche Positionen bei den politischen Entscheidungsträgern hinsichtlich des ELP. Dies muss auch vor dem Hintergrund gesehen werden, dass der ELP nur ein Teil des gesamten RVR - Gebietes betrifft und damit auch Kommunen außerhalb dieser Kulisse den ELP mitfinanzieren.

Defizite gab es allerdings auch beim RVR. Die Phase seit dem 2005 vorgestellten Masterplan ELP 2010 (Projekt Ruhr 2005) bis zur neuen Programmatik Emscher Landschaftspark 2020+ im Jahr 2013 war sehr lang. Wesentlich früher hätten hier Initiativen des RVR zur Neuorganisation der Trägerschaft und zur Neuausrichtung der Programmatik für den ELP kommen müssen.

Seit 2009 hat der RVR die Planungshoheit für die Regionalplanung des Ruhrgebietes zurück erhalten. Bei der Erarbeitung des neuen Regionalplans 2010 geht es auch um die Sicherung und Weiterentwicklung der regionalen Grünzüge der Metropole Ruhr. Der stark auf Beteiligung und Mitwirkung von Bürgern angelegte Prozess ist sehr transparent und nachvollziehbar aufgebaut (siehe http://www.metropoleruhr.de/regionalverband-ruhr/regionaler-diskurs.html). Inhaltlich fällt allerdings auf, dass der ELP im Kontext der regionalen Grünzüge keine besondere Rolle spielt. Dies mag mit den formalen Rahmenbedingungen und der Funktion der Regionalplanung als hoheitliche staatliche Planung zusammenhängen, verwundert in der Analyse und Konzeptionsphase aber dennoch. Angesichts des Entwicklungsstandes, des Ausmaßes an bisheriger vor allem öffentlicher Investition und der Bedeutung im Kontext der Weiterentwicklung der Metropole Ruhr, wie bereits oben beschrieben, ist dies erstaunlich. Dieser Eindruck bestätigt sich auch in dem 2013/2014 durchgeführten „Ideenwettbewerb Zukunft Metropole Ruhr". In den Beiträgen der insgesamt fünf interdisziplinär zusammen gesetzten Planungsteams taucht der ELP nur in einer Arbeit auf (siehe http://ideenwettbewerb.metropoleruhr.de/ruhrimpulse.html#c155352). Auch in den öffentlichen Veranstaltungen zu diesem Wettbewerb spielte der ELP fast keine Rolle. Da die meisten Teams von außen kamen, muss hier zumindest die Informationsgrundlage durch den RVR und die Zusammenarbeit der verschiedenen Abteilungen im RVR hinterfragt werden.

Der Emscher Landschaftspark ist mehr als ein Grünzug wie andere auch in der Metropole Ruhr. Er ist immer noch zentraler Zukunftsraum für die Entwicklung der Emscherzone und damit des Zentrums der Metropole Ruhr. Allein der Emscherumbau und die Entwicklung des Neuen Emschertals werden hier völlig neue Rahmenbedingungen für Siedlungsentwicklung, Bestandssanierung, Freiraumerweiterung und Landschaftsgestaltung schaffen. Die weltweite Wahrnehmung und Vorbildfunktion dieser „Landschaftstransformation" war erheblich und hält auch 25 Jahre später zumindest in der Fachwelt unvermindert an.

Allerdings gibt es bezogen auf die innere Struktur, die Effizienz des Regional-

Titelblatt des Flyers zur Ausstellung der Beiträge zum Ideenwettbewerb Zukunft Metropole Ruhr 2014

parkmanagements sowie die Zukunftsfähigkeit und Wahrnehmung in der Region durchaus Verbesserungspotential. Der Start des ELP war geprägt durch Experimente und Innovationen, vieles wurde Ende der 1980er Jahre völlig neu gedacht und ausprobiert. Es ist klar, dass man dies nicht permanent durchhalten kann. Der ELP ist spätestens seit 2005 im Alltag angekommen, es ging dabei oft mehr um das Verwalten als um das Gestalten. Manchmal konnte man den Eindruck gewinnen, dass der ELP in Politik und Verwaltung im Alltag als eine schwer zu tragende ökonomische und zu arbeitsintensive Herausforderung angesehen wurde.

Der ELP war in seiner Entstehung gedacht als das zentrale Integrationsprojekt für einen nachhaltigen Strukturwandel, eine kurze Zeit ist dies auch gelungen. Der Emscher Umbau, die Entwicklung neuer Gewerbeflächen, die Integration alter und neuer Siedlungen sowie von Industriedenkmälern wurden hier zusammengefügt. Heute sind z.B. der Emscher Umbau und der ELP nicht mehr optimal inhaltlich planerisch und strategisch verzahnt. Dies wird aber insbesondere bei der Entwicklung des Neuen Emschertals dringend notwendig, wenn der Aufbau der grünen Mitte der Metropole Ruhr mehr werden soll als das Nebeneinander von Flächen unterschiedlicher Träger.

Prof. Dr. Jörg Dettmar   Autor

Prof. Dr. Jörg Dettmar hat nach dem Studium der Landschaftsplanung und Landschaftsarchitektur mit Spezialisierung in der Stadtökologie in seiner Dissertation über die Flora und Vegetation von Industrieflächen im Ruhrgebiet geforscht. Nach verschiedenen Stationen in öffentlichen Verwaltungen in Niedersachsen und Hamburg arbeitete er von 1995 bis 2000 in der IBA Emscher Park verantwortlich am Emscher Landschaftspark. Seit 2001 vertritt er die Professur Entwerfen und Freiraumplanung am Fachbereich Architektur der TU Darmstadt. Seine Forschungsschwerpunkte liegen in den Bereichen Nachhaltige Entwicklung Urbaner Landschaften, der Energetischen Optimierung von Siedlungsstrukturen und der Unterhaltung urbaner Grünflächen.

Dettmar, Jörg (1999): Die Industrielandschaft an der Emscher. In: Dettmar, Jörg & Ganser, Karl (Hrsg.): Ökologie und Gartenkunst im Emscher Park. Verlag Eugen Ulmer, Stuttgart. S.10 – 31   Quellenverzeichnis

Dettmar, Jörg (2010): Urbane Kulturlandschafen gestalten. In: Dettmar, Jörg & Rohler, Hans-Peter (Hrsg.): Trägerschaft und Pflege des Emscher Landschaftsparks in der Metropole Ruhr. Wie viel Grün kann sich die Metropole Ruhr leisten? Klartext Verlag, Essen. S.42 – 66.

Dettmar, Jörg & Ganser, Karl (Hrsg.) (1999): Ökologie und Gartenkunst im Emscher Park. Verlag Eugen Ulmer, Stuttgart.

Dettmar, Jörg & Rohler Hans-Peter (Hrsg.) (2010): Trägerschaft und Pflege des Emscher Landschaftsparks in der Metropole Ruhr. Wie viel Grün kann sich die Metropole Ruhr leisten? Klartext Verlag, Essen.

Klapper, D.; Bardehle, D. & Razum, O. (2007): Alters- und geschlechtsspezifische Mortalität im Ruhrgebiet von 1994 bis 2004. Gesundheitswesen, 69. S.521 – 526.

Projekt Ruhr GmbH (Hrsg.) (2005): Masterplan Emscher Landschaftspark 2010. Klartext Verlag, Essen.

RVR – Regionalverband Ruhr (Hrsg.) (2010): Unter freiem Himmel. Emscher Landschaftspark. Under the open sky. Emscher Landscape Park. Birkhäuser, Basel.

RVR – Regionalverband Ruhr (Hrsg.) (2014): Trägerschaft für den Emscher Landschaftspark. Evaluierungsbericht 2014. Entwurf, Stand März 2014. MBS GmbH, Essen.

RVR – Regionalverband Ruhr & Landwirtschaftskammer NRW (Hrsg.) (2014): Bauernhoferlebnisse in der Metropole Ruhr. Heft 1: Landservicehöfe im Emscher Landschaftspark laden ein! Broschüre.

Schenk, Winfried; Kühn, Manfred; Leibenath, Markus & Tzschaschel, Sabine (Hrsg.) (2012): Suburbane Räume als Kulturlandschaften. ARL Forschungs- und Sitzungsberichte. Bd. 236.

Tenfelde, Klaus (Hrsg.) (2002): Ruhrstadt. Visionen für das Ruhrgebiet. Vier Diskussionsrunden. Klartext Verlag, Essen.

TU Dortmund, Fakultät Raumplanung (Hrsg.) (2008): Internationale Bauausstellung Emscher Park: Die Projekte 10 Jahre danach. Klartext Verlag, Essen.

Abbildungsverzeichnis

Seite

7   Abb. eigene Darstellung
    Abb. www. kuhlaruhr.de, 2014

9   Abb. RVR, 2013

10 Abb. aus Dettmar & Ganser (1999)

11 Abb. Jörg Dettmar, 2012

12 Abb. RVR, 2012
    Abb. RVR & Landwirtschaftskammer NRW, 2014

13 Abb. Manfred Vollmer, 2010

17 Abb. RVR, 2014

Der Emscher Landschaftspark als Schlüsselprojekt
für die nachhaltige Entwicklung der Metropole Ruhr _ 01

02

_Ulrich Carow

Perspektiven der regionalen Parkentwicklung:
Emscher Landschaftspark 2020+

Perspektiven der regionalen Parkentwicklung:
Emscher Landschaftspark 2020+ _ 02

Leitlinien und Handlungsprogramm für die zukünftige Weiterentwicklung des Emscher Landschaftsparks

Der Emscher Landschaftspark ist die grüne Mitte der Metropole Ruhr, der zentrale Park des Landschaftswandels. Anspruchsvolle Gestaltung zeichnet ihn ebenso aus wie ökologische Vielfalt und ein hoher Nutzwert. Der Emscher Landschaftspark hat im postindustriellen Strukturwandel wesentlich zur Steigerung der Lebensqualität im Kern der Metropole Ruhr beigetragen. Eine lebendige urbane Kulturlandschaft ist entstanden und wird von den Bürgerinnen und Bürgern als Teil ihrer Umgebung häufig und selbstverständlich genutzt. Zahlreiche „Leuchtturmprojekte", aber auch eine Vielzahl kleinerer Aufwertungen in Stadtteilen zeugen vom großen Erfolg des Gemeinschaftsprojektes der Partner in der Region. Der Emscher Landschaftspark ist aber noch nicht vollendet – seine Weiterentwicklung bleibt ein dringendes Anliegen, um die bisherigen positiven Wirkungen nicht zu gefährden und die erzielten Erfolge weiter zu intensivieren.

Eine lebendige urbane Kulturlandschaft; hier: Der Blick von der Halde Hoheward auf Zeche Ewald in Hertent Metropole Ruhr 2013

Leitprojekt der IBA

Der Emscher Landschaftspark war das Leitprojekt der Internationalen Bauausstellung IBA Emscher Park 1989 bis 1999. Er sollte mit Mitteln der Freiraumentwicklung den wirtschaftlichen und städtebaulichen Strukturwandel für das Ruhrgebiet voranbringen und die Lebensqualität der Menschen im industriellen Ballungsraum verbessern.

Der Emscher Landschaftspark umfasst eine Fläche von etwa 450 km². Er greift die Idee der sieben „Regionalen Grünzüge" aus den 1920er Jahren auf und vernetzt die Revierparks miteinander, die in den 1970er Jahren entstanden sind. An dem Konzept beteiligen sich neben dem Regionalverband Ruhr in federführender Funktion mehr als 20 Kommunen, drei Kreise, drei Bezirksregierungen, die Emschergenossenschaft, der Lippeverband und das Land Nordrhein-Westfalen sowie weitere Partner. Mittlerweile umfasst der Emscher Landschaftspark rund 400 Projekte zur Verbesserung der grünen Infrastruktur in der Metropole Ruhr; weit über 200 Projekte sind bereits umgesetzt, etwa 200 zukünftig geplant.

In der ersten Parkdekade (1990–2000) wurden die Projekte gestaltet, die heute wesentlich die kulturelle Identität, die Freizeitqualität und die touristische Aktivität im Kernraum der Metropole Ruhr prägen. Dies sind Orte wie beispielsweise das Tetraeder in Bottrop, der Landschaftspark Duisburg-Nord, der Westpark rund um die Jahrhunderthalle in Bochum oder das Welterbe Zollverein in Essen.

Leuchtturmprojekte wie das Tetraeder in Bottrop

Masterplan Emscher Landschaftspark 2010

Der Masterplan Emscher Landschaftspark 2010 schuf in der zweiten Parkdekade (2001–2010) das planerisch-programmatische Fundament und definierte Entwicklungsleitlinien. Er wurde als gemeinsamer politischer Wille zur Entwicklung der Region von den Gremien sämtlicher Kommunen des Emscher Landschaftsparks in 2005 ratifiziert. 2006 übernahm der Regionalverband Ruhr die Trägerschaft des Emscher Landschaftsparks und führte Parkaufbau und -pflege in Kooperation mit den Partnern des Parks beim Land NRW und aus der Region fort. Außerdem wurden weitere Groß- und Infrastrukturprojekte realisiert.

Die Kulturhauptstadt Europas RUHR.2010 markiert den Übergang in die dritte Parkdekade bis 2020. Der gezielte Wandel des industriellen Ballungsraums an Emscher und Ruhr in eine neuartige urbane Kulturlandschaft ist eine Kulturleistung der gesamten Region. Sie fand in der Prämierung des Ruhrgebiets als Kulturhauptstadt Europas ihre Anerkennung. Industriekultur wurde strategisch zum touristischen Alleinstellungsmerkmal der Region erklärt.

ErlebnisPicknick Emscher Landschaftspark 2010
im Westpark Bochum

Der „Produktive Park"

Der Regionalverband Ruhr hat bereits im Rahmen seiner Trägerschaft die Aufgabe übernommen, den Emscher Landschaftspark strategisch und konzeptionell weiterzuentwickeln. 2010 wurden in einer Werkstatt und in einem Kongress zur Zukunft des Emscher Landschaftsparks die Herausforderungen der Parkentwicklung herausgearbeitet und in der „Denkschrift „Der Produktive Park" zusammengefasst.

Die Expertisen und Konzeptionen aus Werkstatt und Kongress flossen in die neue Programmatik „Emscher Landschaftspark 2020+" ein, die der laufenden Dekade der Entwicklung des Emscher Landschaftspark zugrunde liegt.

Emscher Landschaftspark (ELP) 2020+

Die Positionierung Emscher Landschaftspark 2020+ beinhaltet nunmehr neue Leitlinien, die zwischen den Kommunen und dem Regionalverband Ruhr abgestimmt und in einem Handlungsprogramm konkretisiert wurden. Mit dem ELP 2020+ zielt der RVR gemeinsam mit den Mitgliedskommunen darauf ab, die Schwerpunkte und möglichen Projekte der kommenden Dekade in Form einer regionalen Parkentwicklung zu beraten und zu bestimmen. Damit erfährt die Stadtlandschaft im Kern der Metropole Ruhr eine einmalige Qualifizierung.

Für die notwendige konzeptionelle Fortführung gibt es eine Reihe von äußeren und inneren Anlässen. Hierzu zählen zum Beispiel die Vorbereitung der künftigen EU-Förderung in NRW für 2014–2020 (EFRE, ESF, ELER), die erforderliche Fortschreibung des Ökologieprogramm Emscher-Lippe (ÖPEL), die frühzeitige Positionierung des Emscher Landschaftsparks als Modellprojekt im Rahmen der neuen EU-Strategie Green Infrastructures (GI) sowie die Herausforderungen der Klimaanpassung und des Klimaschutzes.

Die zu Grunde liegenden programmatischen Ziele des „Produktiven Parks" sehen eine stärker nutzerorientierte Parkentwicklung vor, beispielsweise in den Handlungsfeldern urbane Landwirtschaft, nachhaltige Pflege und Qualitätssicherung sowie kulturelle Bespielung und touristisches Marketing.

KunstPicknick Emscher Landschaftspark 2010 am Haus Ripshorst, Oberhausen

In diesem Sinne sind neben den bewährten Kooperationspartnern auch neue Partner und Netzwerke notwendig. Auch sollen alle wichtigen thematisch relevanten Entwicklungen „rechts und links" des Emscher Landschaftsparks mit in den Blick genommen werden. Eine aktuelle Positionierung ist auch deshalb erforderlich, weil die beteiligten öffentlichen Haushalte – des Landes, des RVR, der Städte und Kreise – sehr „unter Stress" stehen. Nur auf der Grundlage guter interkommunaler und regionaler Abstimmung und überzeugender inhaltlicher Konzepte kann es gelingen, auch ökonomisch sinnvolle Inhalte umzusetzen.

Neue Leitlinien

Die aktuellen Leitlinien sollen die o.g. Herausforderungen thematisch, räumlich und organisatorisch aufgreifen und einen Handlungsrahmen für deren Bewältigung setzen. Dazu gehören Klimawandel und klimaneutrale Mobilität, Biodiversität, urbane Landwirtschaft, demografischer Wandel, Inklusion und Teilhabe aller in der Region lebenden Menschen sowie die Umsetzung von Chancengleichheit und Gender Mainstreaming auf allen Handlungsebenen. Große Aufgaben ergeben sich in diesem Zusammenhang auch für das regionale Parkmanagement, die Parkpflege und die Herausforderung den Strukturwandel der Region insgesamt weiterzuführen.

Insgesamt werden die aktuellen programmatischen Schwerpunkte der Parkentwicklung in drei Säulen strukturiert und in thematische, räumliche und organisatorische Leitlinien gefasst:

Thematische Leitlinien

- Klimaschutz und Klimaanpassung
- Biodiversität und Industrienatur
- Urbane Landwirtschaft
- Urbane Waldnutzung
- Grüne Infrastruktur für Freizeit, Erholung, Sport und Servicequalität
- Wirtschaftskraft des Parks für den Strukturwandel

Räumliche Leitlinien

- Integrierte Stadtentwicklung, Freiraumnetz und Lebensqualität
- Räumlicher Schwerpunkt Städtelandschaft
- Räumlicher Schwerpunkt Neues Emschertal/ Seseketal

Organisatorische Leitlinien

- Regionales Parkmanagement
- Umweltbildung, Kommunikation und touristisches Marketing
- Parkpflege und Qualitätssicherung
- Netzwerke steigern die Qualität
- Teilhabe gestalten – der Park für alle Menschen

Handlungsprogramm, Ressourcen, Budgets und nächste Schritte für den ELP 2020+

Ausgehend von diesen Leitlinien sind die Handlungsschwerpunkte und Maßnahmen für die dritte Parkdekade definiert. Dafür wurde das bestehende Handlungsprogramm zum Emscher Landschaftspark gemeinsam mit den verantwortlichen Akteuren überprüft und an der neuen Programmatik ausgerichtet.

Zudem wurden für neue Leitlinien neue Projekte und Maßnahmen entwickelt und in das Handlungsprogramm aufgenommen. Daraus leitet sich der Bedarf an Finanzmitteln ab, der aus den EU-Strukturfonds, Landesmitteln und Eigenanteilen des RVR und von kommunalen Partnern gedeckt werden soll.

Für die Weiterentwicklung des Emscher Landschaftsparks sind weitere Ressourcen erforderlich. Über die bisherigen Akteure und Fördermöglichkeiten hinaus sind neue Quellen zu erschließen. In der Stellungnahme der Metropole Ruhr im Konsultationsverfahren zu den Eckpunkten des künftigen „Operationellen Programms EFRE 2014–2020 in NRW" wurden bereits erste Schwerpunkte gesetzt. Daran knüpft die hier entworfene Programmatik „Emscher Landschaftspark 2020+" an.

Das Handlungsprogramm liegt zurzeit im Entwurf vor und wurde den politischen Gremien vorgestellt (März/ April 2014); daran anschließend soll in einer abgestimmten Prioritätensetzung die neue Förderperiode vorbereitet werden.

Mit dem Handlungsprogramm bietet sich die einmalige Chance, eine regionale Klimaschutz-Strategie zu erproben und umzusetzen, die die speziellen Potenziale von Grünflächen, Wald, Gewässern und das gesamte Freiraumsystem nutzt. Damit werden siedlungsbezogene Klimaschutzstrategien, wie z. B. zur Energieeinsparung und energetischen Sanierung, sinnvoll ergänzt und der Klimaschutz wird flächendeckend. Einzelne Handlungsfelder sind z.B. die regionale Biomassestrategie oder der konkrete Beitrag von Freiräumen in der Metropole Ruhr zur Steigerung der Resilienz im Rahmen der Klimaanpassung.

Als weiteres Thema ist die Erweiterung von Infrastruktur für klimaschonende Mobilität sowohl im Freizeit- als auch im Alltagsverkehr zu nennen, die der Emscher Landschaftspark mit seinem regionalen Radwegenetz bereits zur Verfügung stellt. Mit dem RadSchnellweg Ruhr soll die Metropole eine sehr effiziente Hauptachse bekommen. Zusammen mit siedlungs-

Neue Radwegetrassen im Ruhrgebiet, hier bei der Jahrhunderthalle in Bochum

und wirtschaftsbezogenen Strategien wird so aus der alten Energieregion Ruhr eine zukunftsfähige Klimaschutzregion, die im Rahmen der Klimaschutz-Strategien für das Land Nordrhein-Westfalen eine wichtige Rolle spielen kann. Projekte wie „Innovation City Bottrop" sind bereits auf dem Weg. Die „KlimaMetropole Ruhr 2022" wird das Thema weiter populär machen und neue Wege für den „Klimaschutz von unten" gemeinsam mit den Menschen erschließen.

Auch Themen wie die Schaffung urbanen Grüns, die Erhöhung der biologischen Vielfalt im urbanen Raum, die Stärkung bürgerschaftlichen Engagements oder Urban Gardening gehören zum Handlungsprogramm und sollen konkret umgesetzt werden.

Handlungsschwerpunkt Neues Emschertal

Der Ost-West-Grünzug entsteht erst in den nächsten Jahren zusammen mit der Fertigstellung des Emscher-Umbaus. Hier liegt daher ein Handlungsschwerpunkt für die Landschaftsentwicklung im Emscher Landschaftspark – mit großen Potenzialen für den Arten- und Biotopschutz und mit großen Chancen für die integrierte Stadtentwicklung in einem „Neuen Emschertal". Erste Modellprojekte sind bereits im Handlungsprogramm Emscher Landschaftspark 2020+ verankert. Sie werden mit den kommunalen Partnern und Emschergenossenschaft/Lippeverband gemeinsam weiter konkretisiert und dann Schritt für Schritt auf die gesamte Emscher-Achse ausgeweitet.

Der Emscher Landschaftspark als Zukunftsprojekt

Der Emscher Landschaftspark ist nicht nur ein strategisches Projekt zur Förderung des Strukturwandels in der Metropole Ruhr, sondern auch lebenswerte Umwelt, viel genutzter Erholungsraum für 5,2 Millionen Einwohner sowie Ausflugs- und Urlaubsziel für die weiter steigende Zahl von Touristen aus dem In- und Ausland. Er ist, zusammen mit dem Emscher-Umbau, das zentrale Projekt zur ökologischen Revitalisierung im postindustriellen Ballungskern der Region.

Die Strategie funktioniert und die wirtschaftlichen Effekte sind sichtbar und messbar geworden: Der Park setzt positive Impulse für Stadtentwicklung und Wohnungswirtschaft. Er bietet viele attraktive Ziele im Portfolio der Freizeit- und Tourismuswirtschaft für die Metropole Ruhr und ist mit seinem einzigartigen Ambiente zunehmend Spielort für Veranstaltungen. Er verbessert maßgeblich die Lebensqualität im Kern des Ballungsraums und schafft damit gute Adressen von hoher Standortqualität für Gewerbe und neue Technologiebranchen. Seine grüne Infrastruktur mit ihren multifunktionalen Leistungen für Gesundheit, Klimaschutz, Biodiversität und weiteren Vorteilen gegenüber „grauer", baulicher Infrastruktur erbringt nachhaltige Kostenreduzierungen in verschiedenen Handlungsfeldern.

Nicht zuletzt prägt der Emscher Landschaftspark mit Großparks und Landmarken, mit Grünzügen und Stadtteilparks das Gesicht der modernen, zukunftsfähigen Metropole Ruhr und grenzt sie als multifunktionale urbane Kulturlandschaft deutlich vom alten schwerindustriellen Kohlenrevier ab. Er ist damit ein herausragender Imagefaktor für die Metropole Ruhr und ein Indikator für die gute und ökologisch nachhaltige Entwicklung des Industrielandes Nordrhein-Westfalen.

In dieser zukunftsgewandten Rolle ist der Emscher Landschaftspark im internationalen Kontext Vorbild für den Umgang mit alten Industrieregionen und damit auch für das Land Nordrhein-Westfalen eine bedeutsame Erfolgsgeschichte. Es lohnt sich, diese Geschichte gemeinsam mit allen Partnern des Parks fortzuschreiben und den Strukturwandel auch weiterhin mit der bewährten Strategie des Stadtumbaus vom Freiraum aus voranzubringen.

Wie der vorliegende Bericht zeigt, ist mit vereinten Kräften der verantwortlichen Partner bereits sehr viel erreicht worden. Dennoch ist der Emscher Landschaftspark nicht „fertiggestellt". Seine Qualität und seine positiven Wirkungen für Region und Land, für Natur und Umwelt, für Klima und Menschen müssen jedes Jahr neu mit gemeinsamen Anstrengungen für Pflege und Erhaltung, Koordinierungs- und Bauleistungen erarbeitet werden.

Mehrere zukunftsweisende Programme und Ansätze mit Berührungen zum Emscher Landschaftspark sollen der Weiterentwicklung des regionalen Parks dienen. Hierzu gehören unter anderem die Klimametropole Ruhr 2022, die Idee, die industrielle Kulturlandschaft Ruhr als UNESCO-Welterbe anerkennen zu lassen, und nicht zuletzt die geplante „Internationale GartenBau-Ausstellung Metropole Ruhr 2027" (IGA 2027).

Mit der Vollendung des Emscher-Umbaus steuert der Emscher Landschaftspark auf ein weiteres Schlüsselmoment in der Geschichte der Parkentwicklung zu. Der Ost-West-Grünzug wird mit allen seinen Chancen für die integrierte Stadtentwicklung nun tatsächlich lebendig. Dieser Entwicklungsschub wird die Qualität des gesamten regionalen Parks noch einmal erheblich steigern. Insbesondere verbinden sich hier die Einzelprojekte zum regionalen Netzwerk und die Grüne Infrastruktur erhält das stützende Rückgrat.

Ausblick von der Halde Hoheward beim SunsetPicknick Emscher Landschaftspark 2010

Der derzeit geführte regionale Dialog mit den Partnern und die zugehörigen kommunalen und regionalen Befassungen aus dem Frühjahr 2014 haben gezeigt, dass zu der im Emscher Landschaftspark 2020+ beschriebenen Entwicklungsperspektive ein breiter Konsens besteht. Das gilt auch für thematische Neuorientierungen, z. B. in Bezug auf Klimaschutz und Klimaanpassung, urbane Land- und Forstwirtschaft und eine offene Park-Kultur für alle Menschen.
Für das weitere Vorgehen weisen vorhandene bürgerschaftliche Initiativen der Stadtgesellschaft den Weg, den Emscher Landschaftspark der Zukunft gemeinsam mit den Menschen vor Ort zu gestalten, also die Parkentwicklung neben der professionellen Steuerung auf ein breites Fundament „von unten" mit (Umwelt-)Bildung und Teilhabe zu stellen. Das Netzwerk des Parks und der Regionalverband Ruhr als Moderator und Koordinator nehmen diese anspruchsvolle Aufgabe gerne an.

Der Regionalverband Ruhr möchte an dieser Stelle allen Partnern und Förderern des Emscher Landschaftsparks für ihr Engagement und ihre Teilhabe an über 20 Jahren erfolgreicher Entwicklung und Erhaltung danken!
Wir, die Verbandsleitung des Regionalverbandes Ruhr, möchten dafür werben, das erfolgreiche gemeinsame Engagement fortzusetzen und für die operationelle Ebene den Trägerschaftvertrag zum Emscher Landschaftspark und der Route Industriekultur fortzuschreiben. Denn das gemeinsame Engagement lohnt sich – für eine lebenswerte Metropole Ruhr genauso wie für ein starkes Nord rhein-Westfalen.

Autor

Ulrich Carow

Ulrich Carow ist seit 2005 Bereichsleiter IV beim Regionalverband Ruhr (RVR) und für den Bereich Umwelt zuständig. Der Diplom-Ingenieur Ulrich Carow absolvierte ein Studium für Landschafts- und Freiraumplanung an der TU Berlin. Er begann seine berufliche Laufbahn bei der Stadt Recklinghausen, wo er von 1987 bis 1992 arbeitete. Danach war er in verschiedenen leitenden Funktionen bei der Stadt Gelsenkirchen tätig, zuletzt als Leiter des Referates Umwelt.

Abbildungsverzeichnis

Seite	
23	Abb. RVR/ Stefan Schejok, 2010
24	Abb. RVR/ Helmut Adler, 2009
25	Abb. RVR/ Go Between, 2010
26	Abb. RVR/ Go Between, 2010
27	Abb. RVR, 2014
28	Abb. RVR/ Dominik Asbach, 2012
29	Abb. RVR, 2013
31	Abb. RVR/ Stefan Schejok, 2010

Perspektiven der regionalen Parkentwicklung:
Emscher Landschaftspark 2020+ _ 02

03

_Emanuel Grün

Perspektiven der Gewässer in der Metropole Ruhr

Wasser und Stadtentwicklung

Wasserwirtschaft und Stadtentwicklung sind seit Jahrtausenden untrennbar miteinander verbunden. Die Trinkwasserversorgung für die Menschen stand dabei zunächst im Mittelpunkt. Wasserläufe wurden als Handelswege und zum Schutz vor Feinden genutzt. Mit der Entwicklung von Handel und Gewerbe wurden Maßnahmen zur Verbesserung der Hochwassersicherheit ergriffen, die u.a. die Menschen in ihren Wohnquartieren schützen sollten. Aber auch die Abwasserentsorgung unter dem Aspekt der hygienischen Verhältnisse in Ballungsräumen gewann zunehmend an Bedeutung und war entscheidend für den wirtschaftlichen Aufschwung ganzer Industrieregionen.

In der Metropole Ruhr lassen sich die Perspektiven der Gewässer in wasserwirtschaftliche Funktionalitäten und in sozio-ökologische und ökonomische Aspekte differenzieren. Hierzu gehören einerseits die Regenwasserbewirtschaftung, der geregelte Wasserabfluss in den Gewässern, der Hochwasserschutz unter besonderer Berücksichtigung des Klimawandels und andererseits der Tourismus und die Freizeitgestaltung, das Natur erleben, die ökologische Aufwertung und Biodiversität ebenso wie die städtebauliche und wirtschaftliche Entwicklung in unseren Stadtlandschaften.

Gerade bei der Betrachtung des weltweiten Trends, dass immer mehr Menschen in Agglomerationen leben werden, gewinnen die Gewässer in Ballungsräumen zunehmend an Bedeutung. Leider verzeichnet die Metropole Ruhr seit Jahrzehnten einen stetigen Bevölkerungsrückgang, dem nur durch Attraktivitätssteigerung des Wohn-, Arbeits- und Lebensumfeldes entgegengewirkt werden kann.

Die industrielle Entwicklung der letzten 150 Jahre in der Emscher-Region war insbesondere durch Kohle und Stahl geprägt. In der Vergangenheit war der Rhein im Westen als Handelsweg, die Ruhr im Süden sowie die Lippe im Norden als Brauch- und Frischwasserlieferanten, aber auch die Emscher, die die Metropole Ruhr mittig als zentraler Abwasserfluss durchfließt, sicherlich entwicklungsfördernd. Die Emscher und ihre Nebenläufe wurden zur Entwässerung der bergbaubedingten Senkungsbereiche technisch ausgebaut und zum Abwassertransport aus den Wohn- und Industriequartieren genutzt; nach dem heutigen Verständnis einer naturräumlichen Gewässerentwicklung wäre der Begriff der Degradierung treffender.

Das heutige Emschersystem

Der Emscherumbau – ein Projekt für den Strukturwandel

Vor etwa 25 Jahren griff die Erkenntnis, dass ein Strukturwandelprozess, insbesondere ausgehend durch den Rückgang des Bergbaus, nur gelingen kann, wenn das verästelte System der Abwasserflüsse hin zu ökologisch umgestalteten, naturnahen Gewässern umgebaut wird. Mit einem Gesamtinvestitionsvolumen von 4,5 Mrd. € wurden zunächst dezentrale Kläranlagen neu errichtet und mit dem Bau von 400 km großer Abfangsammler wird das Abwasser direkt zu den Kläranlagen transportiert. Anschließend werden 350 km abwasserfreie Gewässer ökologisch umgestaltet.

Mit der Modernisierung der abwassertechnischen Infrastruktur und der Entwicklung durchgängiger Gewässer werden wichtige, sich ergänzende Ziele verfolgt. Sie fördern neben der ökologischen Aufwertung der Gewässer die Profilierung des Landschafts- und Stadtbildes, die Verbesserung der Lebensqualität der Einwohner und die ökonomische Entwicklung der gesamten Emscher-Region und ihrer Städte [Wuppertal Institut, 2013].

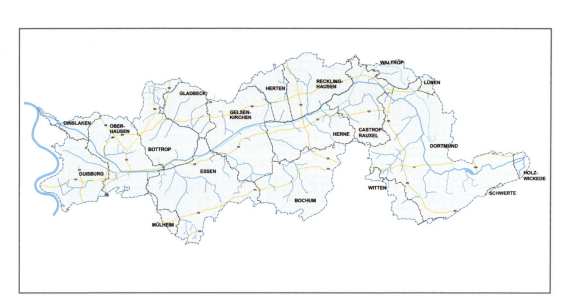

Das Einzugsgebiet der Emscher und ihrer Nebenläufe

Wassersensible Stadtentwicklung

Erste gelungene Beispiele der Umgestaltung von Gewässern, z.B. der Deininghauser Bach in Castrop-Rauxel oder der Borbecker Mühlenbach in Essen, zeigen den unmittelbaren ökologischen Mehrwert für die Region. So kann bereits wenige Jahre nach dem Umbau des Deininghauser Baches eine hohe Biodiversität im Gewässer und in den angrenzenden Auen nachgewiesen werden, die nahezu der eines naturbelassenen Gewässers entspricht.

Perspektiven der Gewässer in der Metropole Ruhr _ 03

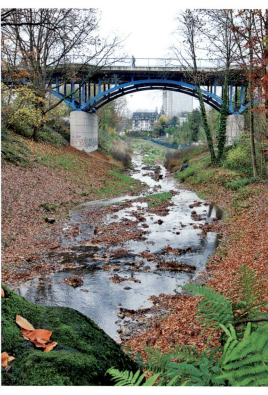

Der Borbecker Mühlenbach in Essen nach der Umgestaltung

Aber auch die Öffnung von verrohrten Gewässerabschnitten zu urbanen Stadtgewässern sowie die Regenwasserbewirtschaftung in Konversionsflächen und Wohnquartieren leisten einen bedeutenden Beitrag zur Verbesserung des Wohn- und Lebensumfeldes. Dabei sind öffentliche und private Grundstücksbesitzer gefragt, geeignete Maßnahmen durchzuführen. Schulhöfe werden mit offenen Wasserelementen und Versickerungsanlagen lebendig gestaltet. Große Gewerbebetriebe nutzen das Regenwasser zu Kühl- und Reinigungszwecken. Wohnungsbaugesellschaften beziehen das Regenwasser in ihre Freiflächengestaltung ein. Private Grundstückseigentümer koppeln über Hof- und Dachflächen von der Kanalisation ab. Im Jahr 2005 hat hierzu die Emschergenossenschaft mit den Kommunen eine Vereinbarung, die „Zukunftsvereinbarung Regenwasser", geschlossen, 15 % des Regenwassers, dass über die Mischwasserkanalisation den Kläranlagen zugeführt wird, aus dem bebauten Bestand abzukoppeln und dem natürlichen Wasserkreislauf zuzuführen.

Gerade durch diese Maßnahmen einer wassersensiblen Stadtentwicklung kann den negativen Folgen des Klimawandels entgegen getreten werden. An den umgebauten Gewässern entstehen Frischluftschneisen, die zur Kühlung in dicht besiedelten Stadträumen beitragen. Gewässerauen werden zu CO_2-Senken und können Feinstaubbelastungen reduzieren. In übergreifenden Forschungsprojekten zur Anpassung an den Klimawandel wie „Future Cities" und „Dynaklim"

Urbanes Hochwasserrückhaltebecken Phoenix-See in Dortmund

konnten diese positiven Effekte nachgewiesen werden wie z. B. am Heerener Mühlenbach in Kamen [Lippeverband, 2013]. Auch leistet die Regenwasserretention einen Beitrag zum Schutz vor Starkregenereignissen und Hochwässern in Stadträumen mit hoher Flächenversiegelung. Die Abkopplung des Regenwassers und die Versickerung bieten zudem eine Chance für die Stadtentwicklung. Zahlreiche Siedlungen, Gewerbe- und Logistik-Standorte können heute mit dem Element „Wasser" an Attraktivität gewinnen.

Insbesondere in der dicht besiedelten Emscher-Region mit großen Bergsenkungen entstandenen Polderflächen hat der Hochwasserschutz eine herausragende Bedeutung. Fast 5 Mio. m³ neuer Rückhalteräume wurden entlang der Emscher geschaffen (u.a. die Hochwasserrückhaltebecken in Dortmund-Mengede und im Zoo Gelsenkirchen). Ein weiteres herausragendes Beispiel, dass wasserwirtschaftliche Erfordernisse mit hohem städtebaulichem Anspruch kombiniert werden kann, zeigt der Phoenix-See in Dortmund (vgl. Abb. 4). Dieses urbane Stadtgewässer wird im Bedarfsfall als Hochwasserpuffer der Emscher genutzt.

Abwärme- und Biomassenutzung

Die stetig steigenden Energiepreise in Zusammenhang mit der Diskussion um die Endlichkeit fossiler Energieträger und der Abhängigkeit von externen Lieferungen haben der Suche nach alternativen Energiequellen in den letzten Jahren eine zunehmende Bedeutung verliehen. Eine solche Art der dezentralen, langfristig verfügbaren und regenerativen Erzeugung von Nutzwärme stellt die Abwasserwärmenutzung dar. Sie kann insbesondere in urbanen Ballungsräumen eine attraktive Form der lokalen Energiegewinnung darstellen, liegen Verbraucher und die „Energietrasse" Kanalisation doch in unmittelbarer Nachbarschaft zueinander.

Bedingt durch das Temperaturniveau von im Mittel 15 °C und durch den gleichförmigen Temperaturverlauf stellt Abwasser eine ideale Wärmequelle für den Betrieb von Wärmepumpen dar, die ganzjährig mit einem guten Wirkungsgrad betrieben werden können. Bei den Komponenten einer Abwasserwärmenutzungsanlage handelt es sich um bewährte Technik [DWA, 2009].

Die Emschergenossenschaft hat die Potenziale dieser innovativen Form der Energiegewinnung erkannt und für die Kanalbaumaßnahmen im Rahmen des Emscherumbaus untersucht und bereits positive Erfahrungen zur Versorgung des Nordwestbads in Bochum Hofstede gewonnen [Grün et al., 2008].

Im Rahmen eines vom Ministerium für Klimaschutz, Umwelt, Landwirtschaft,

Natur- und Verbraucherschutz des Landes Nordrhein-Westfalen geförderten Projektes hat die Emschergenossenschaft eine web-basierte Energiekarte zur Abwasserwärmenutzung entwickelt, die externen Interessenten (Kommunen, Planern, Bauherren, ...) grundlegende Informationen zu den Nutzungsmöglichkeiten von Abwasserwärme entlang der genossenschaftlichen Kanalabschnitte in übersichtlicher Form bereit stellt [Treis, Becker, 2012]. Die Energiekarte finden Sie unter www.eglv.de.

Ausschnitt aus der Energiekarte

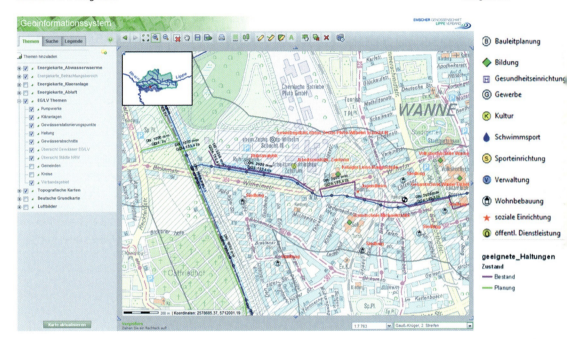

Als weiterer regenerativer Energieträger kommt Biomasse für die verstärkte CO_2-neutrale Energieerzeugung auf unseren Kläranlagen in Frage. Neben dem anfallenden Klärschlamm, der schon seit über 100 Jahren in Faulbehältern zu energiereichem Klärgas (=Biogas) umgesetzt wird, bieten sich dazu auch andere Biomassen an.

Bei der sogenannten Co-Vergärung werden Klärschlamm und Bioabfälle gemeinsam in den Faulbehältern ausgefault und in Biogas umgesetzt. Das Biogas wird dann in modernen Blockheizkraftwerken in Strom und Wärme umgewandelt. [Schmelz, 2000].

Perspektiven für die Region

Mit der ökologischen Umgestaltung der Gewässer werden die Betriebswege zu öffentlichen Fuß- und Radwegen. Ehemalige Meideräume werden somit für die Anwohner wieder zugänglich. Die Erlebbarkeit der Gewässer und die neuen Möglichkeiten der Freizeitgestaltung werden von den Menschen der Region gerne genutzt. Umweltbildungsprogramme sowie Kunst und Kultur an den Gewässern runden das Bild einer integralen Wasserwirtschaft ab. Seit dem Jahr 2006 werden so in Kooperation mit dem Bauministerium NRW benachteiligte Stadtquartiere aufgewertet. Hervorragende Beispiele sind das blaue Klassenzimmer am Hahnenbach in Gladbeck und der BernePark als Stadtteilzentrum und Begegnungsstätte auf einer ehemaligen Kläranlage in Bottrop an der Stadtgrenze zu Essen. Auch die nunmehr zum dritten Mal geplante Ausstellung „Emscherkunst" zeigt, dass die Perspektiven unserer Stadtgewässer weit in die Region ausstrahlen.

Erlebbare Gewässer – blaues Klassenzimmer am Hahnenbach in Gladbeck

Bei der Betrachtung der wirtschaftlichen Effekte sind zum einen die enormen Beschäftigungs- und Produktionseffekte durch die großen Bauinvestitionen des Emscher-Umbaus zu nennen. Das RWI in Bochum errechnete hierzu einen Wertschöpfungsbetrag von fast 12 Mrd. € [RWI 2013]. Zum anderen werden die gewässernahenGrundstücksflächen durch die ökologische Aufwertung an Attraktivität und Verkehrswert gewinnen. Durch die Schaffung dieser neuen, lebenswerten Stadträume wird auch ein bedeutender Beitrag zur Dämpfung des negativen demografischen Trends geleistet.

Das Generationenprojekt Emscher-Umbau verbindet daher in hervorragender Weise die wasserwirtschaftlichen Notwendigkeiten, auch im Hinblick auf den Klimawandel, mit den Ansprüchen der Menschen und der Wirtschaft in der Region und ist somit ein wesentlicher Baustein und Motor des Strukturwandels der Metropole Ruhr.

Dr.-Ing. Emanuel Grün   Autor

Emanuel Grün ist promovierter Ingenieur und hat nach seiner Referendarausbildung 1984 seine Tätigkeit als Markscheider im Steinkohlenbergbau begonnen. Über verschiedene berufliche Stationen in Produktion und Verwaltung bei der RAG Aktiengesellschaft verantwortet Dr. Emanuel Grün seit 2006 als technischer Vorstand von Emschergenossenschaft und Lippeverband die Planung, den Bau und den Betrieb aller wasserwirtschaftlicher Infrastrukturen von der Kläranlage bis zu den Gewässern. Neben der Steuerung des Großprojektes Emscher-Umbau sieht Dr. Grün die Herausforderung des Klimawandels und der demografischen Entwicklung mit seinen Wirkungen auf die Wasserwirtschaft und den Strukturwandel in der Region im Fokus seiner Tätigkeiten.

DWA (2009): „Merkblatt DWA-M 114 - Energie aus Abwasser - Wärme- und Lageenergie", Deutsche Vereinigung für Wasserwirtschaft, Abwasser und Abfall e. V. Hrsg., Hennef.   Quellenverzeichnis

Grün, E., Treis, A., Rossol, D. und Becker, M. (2008): - „Potenziale der Abwasserwärmenutzung im Emschergebiet". In: Korrespondenz Abwasser, Abfall (55), Nr. 6, S. 679 - 682.

Lippeverband (2013): – „Zukunft für unsere Städte attraktiv und klimatauglich", Broschüre zum EU-Projekt Future Cities, Essen, www.future-cities.eu

RW1 - Rheinisch-Westfälisches Institut für Wirtschaftsforschung (2013):– „Regionalökonomische Effekte des Emscherumbaus", Endbericht, Essen.

Schmelz, K.-G. (2000): „Co-Vergärung von Klärschlamm und Bioabfällen", Dissertation an der Bauhaus-Universität Weimar, RHOMBOS-VERLAG, Berlin.

Treis, A. & Becker, M. (2012): „Wärmegewinnung aus Abwasser - Wärmeangebote und Potenziale, Standortanalysen und Anlagenumsetzung im Emschergebiet". 13. Kölner Kanal- und Kläranlagenkolloquium. Aachener Schriften zur Stadtentwässerung, Band 16.

Wuppertal Institut für Klima, Umwelt, Energie GmbH (2013):– „Emscher 3.0 – von Grau zu Blau", Wuppertal.

Seite		Abbildungsverzeichnis
35	Abb. Emschergenossenschaft, Joachim Schumacher	
36	Abb. Emschergenossenschaft, 13-KO	

37	Abb. Emschergenossenschaft, Diethelm Wulfert
38	Abb. Emschergenossenschaft, Gabi Lyko
39	Abb. Emschergenossenschaft, 13-KO
40	Abb. Emschergenossenschaft, Diethelm Wulfert

Perspektiven der regionalen Parkentwicklung:
Emscher Landschaftspark 2020+ _ 02

04

_Jörg Dettmar

Energieeffiziente Grünflächen und integrierte
Freiflächenentwicklung
Ergebnisse aus dem Forschungsprojekt KuLaRuhr

04.1	Optimierung der Energieeffizienz von Siedlungen
04.2	Integration von Bergbaufolgestandorten in die Kulturlandschaft der Metropole Ruhr
04.3	Reintegration monofunktionaler Infrastrukturen in die urbane Kulturlandschaft

Im Folgenden werden die wichtigsten Ergebnisse von drei Teilprojekten des Verbundvorhabens zusammenfassend vorgestellt. Es handelt sich um Projekte der TU Darmstadt, die sich mit Zukunftsthemen für den Emscher Landschaftspark (ELP) beschäftigen. Dies gilt ebenso für die Teilprojekte „Regionale Biomassestrategie" (TU Darmstadt) und Urbane Landwirtschaft im ELP (RVR/Landwirtschaftskammer), die in diesem Buch im Rahmen eigener Kapitel ausführlicher dargestellt werden.

04.1

_Jörg Dettmar | Sandra Sieber

Optimierung der Energieeffizienz von Siedlungen

Energieeffiziente Grünflächen und integrierte Freiflächenentwicklung
Ergebnisse aus dem Forschungsprojekt KuLaRuhr _ 04

Im Teilprojekt „Optimierung der Energieeffizienz von Siedlungen" wurden verschiedene Potenziale zur Steigerung der Energieeffizienz kleinerer Siedlungseinheiten untersucht. Der verwendete Potenzialbegriff umfasst die Möglichkeiten zur Nutzung erneuerbarer Energien am Gebäude und auf Freiflächen (aktive Potenziale) sowie die stadtklimatischen Wirkungen der Siedlungsfreiflächen (passive Potenziale).

Untersucht wurden die aktiven technikbezogenen Potenziale für die gebäudenahe Erzeugung regenerativer Energien und zur Verbesserung der Energieeffizienz wie:

- Photovoltaik
- Solarthermie
- Oberflächennahe Geothermie
- Sanierung der Gebäudehülle.

Darüber hinaus lag der Schwerpunkt auf der Untersuchung möglicher Beiträge von gebäudenahen Freiflächen zur nachhaltigen Siedlungsentwicklung in Bezug auf:

- die Energieeinsparung und -speicherung inklusive der passiven vegetationsbezogenen Potenziale wie mikroklimatische Ausgleichswirkungen des Regenwassermanagements sowie

- eine integrierte Energieproduktion mit Solarthermie, Photovoltaik, Geothermie und Biomasseanbau.

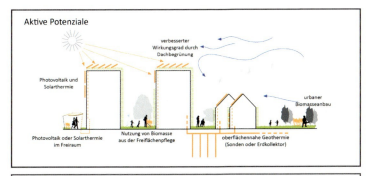

Aktive technikbezogene Potenziale zur Verbesserung der Energieeffizienz von Siedlungen

Passive vegetationsbezogene Potenziale zur Verbesserung der Energieeffizienz von Siedlungen

Das Teilprojekt wurde in Kooperation mit der „InnovationCity Ruhr | Modellstadt Bottrop" (siehe www.icruhr.de) und der Arbeitsgruppe „Klimatologie und Umweltmeteorologie" der TU Braunschweig (siehe: www.kularuhr.de/index.php/mikroklimatisches-potenzial.html) durchgeführt. Im Pilotgebiet der InnovationCity Ruhr in Bottrop wurden acht Siedlungsflächen ausgewählt, die im Verlauf des Forschungsprojekts in unterschiedlicher Tiefe auf ihre energetischen und stadtklimatischen Potenziale untersucht wurden.

Auswahlkriterien für die Untersuchungsgebiete waren die Lage innerhalb des Pilotgebiets der InnovationCity Ruhr, eine möglichst homogene Baustruktur (innerhalb der Siedlung) mit hohem Freiflächenanteil, unterschiedliche Baualtersklassen bzw. Sanierungsstände, sowie unterschiedliche energetische Stadtraumtypen (siehe Forschungsprojekt „EnEff:Stadt UrbanReNet", Hegger et al. 2013, S. 29 ff). In Bezug auf die Eigentümerstruktur wurden sowohl Siedlungen mit Einzelbesitzern als auch Siedlungen im Besitz von Wohnungsbaugesellschaften ausgewählt. Die homogene Baustruktur und die Zuordnung zu einem Stadtraumtyp sollen die Entwicklungsszenarien und Handlungsempfehlungen auch auf andere Standorte übertragbar machen.

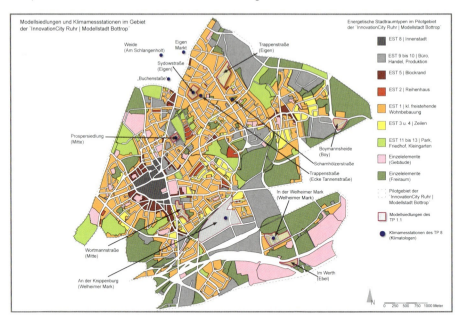

Energetische Stadtraumtypen und Untersuchungsgebiete des Teilprojekts „Optimierung der Energieeffizienz von Siedlungen" im Gebiet der InnovationCity Ruhr | Modellstadt Bottrop

Parallel zur Bestimmung der energetischen Bedarfe und Potenziale für die acht Untersuchungsgebiete wurden in fünf Siedlungen die Vegetationsstruktur und die aktuellen Nutzungen der Freiflächen kartiert und ausgewertet. Bei der Vegetationsstrukturkartierung wurden flächenhafte Elemente wie Rasen, Strauchpflanzungen, Beete oder Sukzessionsflächen und Einzelelemente wie Bäume, Sträucher oder Hecken erfasst. Die Kartierung orientiert sich an den „Biomassecodes" des KuLaRuhr-Teilprojekts „Regionale Biomassestrategie für den Emscher Landschaftspark" der TU Darmstadt (siehe Beitrag von Hans Peter Rohler und

Energieeffiziente Grünflächen und integrierte Freiflächenentwicklung
Ergebnisse aus dem Forschungsprojekt KuLaRuhr _ 04

Bianca Porath in diesem Buch), um eine Übertragbarkeit der Vegetationskategorien zu ermöglichen. Die Vegetationsstruktur gibt einerseits Aufschluss über die derzeitige Nutzung und Pflege der Freiflächen und ermöglicht andererseits eine genauere Betrachtung des Biomassepotenzials aus der Grünflächenpflege. Durch die Übertragbarkeit des „Biomassecodes" könnten perspektivisch auch Gärten und Außenanlagen von Wohnsiedlungen in ein kommunales „Biomassekataster" eingearbeitet werden. Für die Simulation der stadtklimatischen Wirkungen der Freiflächen bildet die Kartierung der Vegetationsstruktur im Status quo das Ausgangsszenario beim Entwurf des Klimamodells.

Die energetischen Kennwerte der betrachteten Siedlungen wurden mit Hilfe der Ergebnisse des Forschungsprojekts „EnEff:Stadt UrbanReNet" (siehe oben) ermittelt. In diesem Forschungsprojekt wurden zur schnellen und einfachen Bestimmung des energetischen Ist-Zustandes von Stadtgebieten dreizehn energetische Stadtraumtypen festgelegt (z.B. kleine freistehende Wohnbebauung, Zeilenbebauung oder Blockrandbebauung), die mit energetischen und stadtstrukturellen Kennwerten hinterlegt sind. In Form von Steckbriefen stehen diese Kennwerte online zur Verfügung (siehe Anlage 1 Abschlussbericht „EnEff:Stadt UrbanReNet", www.ee.architektur.tu-darmstadt.de/ee/publika_ee/forschungsberichte.de.jsp). Für die betrachten Siedlungen wurden auf dieser Basis die Potenziale zur Nutzung von Photovoltaik, Solarthermie, Geothermie und Biomasse aus der Grünflächenpflege oder gezieltem Anbau bestimmt. Die mit Hilfe der Kennwerte ermittelten Heizwärmebedarfe wurden mit den realen Heizwärmeverbräuchen (soweit diese von den Wohnungsbaugesellschaften zur Verfügung gestellt werden konnten) verglichen; die Abweichungen betrugen zum Teil weniger als zehn Prozent.

Vergleich der realen Heizwärmeverbräuche mit den ermittelten Bedarfen

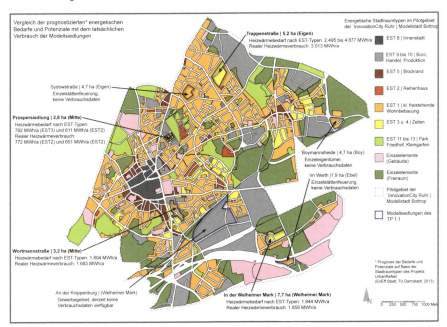

Bei maximaler Ausnutzung der verfügbaren Dach- und Freiflächen würden nach den Potenzialkennwerten von „EnEff:Stadt UrbanReNet" alle betrachteten Siedlungen in der Jahressumme rechnerisch mehr regenerative Energien erzeugen, als zur Deckung der Bedarfe notwendig wären. Die Potenziale der Biomasse sind in allen Siedlungen aufgrund der geringen Energiedichte von Biomasse relativ gering. Zum Vergleich: Ein Hektar PV-Module kann ca. 1.000 MWh/a Strom generieren, ein Hektar Mais nur 18,5 MWh/a. Für die Nutzung von Biomasse sprechen allerdings ihre einfache Lagerung (bei holziger Biomasse), ihre geringen Gestehungskosten und mögliche Synergien bei der Gestaltung, Nutzung und Pflege von Grünflächen in Siedlungen.

Energetische Bewertung der Modellsiedung „Sydowstraße" nach Kennwerten von „EnEff:Stadt UrbanReNet"

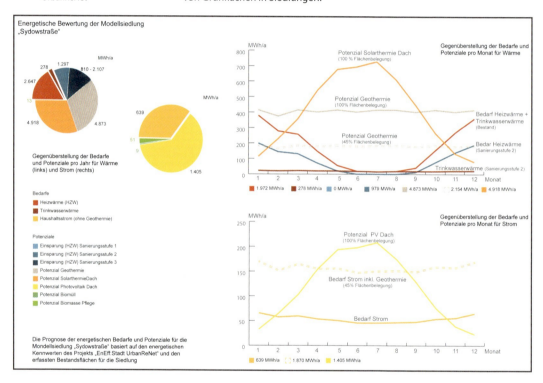

Um neben den aktiven technikbezogenen Potenzialen auch die passiven vegetationsbezogenen Potenziale untersuchen und abschätzen zu können, wurden für die Modellsiedlungen acht Bausteine festgelegt, die hinsichtlich ihrer klimatischen Wirkung, ihrer Verträglichkeit mit der Siedlungsgestaltung, der Freiflächennutzung und ihres Pflegeaufwands bewertet wurden. Die Bausteine beinhalten folgende Maßnahmen: Krautige und holzige Biomasse aus der Pflege; Erhaltung und Entwicklung von Heckenstrukturen; Fassadenbegrünung/Dachbegrünung; Dezentrales Wassermanagement und krautige und holzige Biomasse aus Anbau.

Bei der klimatischen Wirkung soll einerseits eingeschätzt werden, inwieweit durch vegetationsbezogene Maßnahmen die sommerliche Überhitzung (Wärmeinseleffekt) gemindert werden kann und anderseits welche Maßnahmen geeignet sind, Auskühleffekte und damit den Energiebedarf von Gebäuden zu reduzieren. Denn die stadtklimatische Situation von Siedlungsräumen beeinflusst auch das Innenraumklima und damit die Energiebedarfe der Gebäude. Starke Aufheizung hochverdichteter Citybereiche kann aktive Maßnahmen zur Kühlung, z.B. von Büroflächen oder Wohnungen, durch energieintensive Klimaanlagen zur Folge haben. Energie- und klimaoptimierte Gebäudekonzepte mit natürlichen Lüftungen, Gebäudebegrünung und Regenwassernutzung sind hier zeitgemäße Alternativen. Auch eine dezentrale Regenwasserbewirtschaftung mit Rückhaltung und Versickerung vor Ort leistet über die Verdunstungskälte einen relevanten Beitrag zur Reduktion städtischer Wärmeinseln. Windexponierte Fassaden kühlen insbesondere in den kalten Jahreszeiten schneller aus als nicht windexponierte Fassaden. Bei alten unsanierten Gebäuden kann dies den Heizenergiebedarf erheblich vergrößern. Neben der Dämmung im Zuge der energetischen Sanierung können ergänzende Maßnahmen wie eine Fassadenbegrünung oder das Pflanzen einer Windschutzhecke zusätzliche Effekte bringen.

Um diese klimatischen Wirkungen auch quantitativ erfassen zu können, wurde in Kooperation mit dem KuLaRuhr-Teilprojekt „Klimatisches Potenzial von Freiflächen in bebauten Bereichen (Siedlungen) – Bewertung der Energiebilanz von Freiflächen" der Arbeitsgruppe „Klimatologie und Umweltmeteorologie" der TU Braunschweig eines der Untersuchungsgebiete in einem Klima-Simulationstool modelliert. Basis der Modellierung ist eine von 2012 bis 2013 andauernde Klima-Messreihe für das Untersuchungsgebiet „Sydowstraße" (kleine freistehende Wohnbebauung) und zwei Referenzstandorten (teilversiegelt + randstädtisch und unversiegelt + Umland). Gemessen wurden Temperatur und relative Luftfeuchte. An den beiden Referenzstandorten wurde seitens der Klimatologen die komplette Strahlungsbilanz (kurz- und langwellige Ein- und Ausstrahlung) sowie die Wärmebilanz (turbulenter fühlbarer und latenter Wärmefluss bzw. Verdunstung) der Oberflächen erfasst.

Nach Abschluss der Messreihen wurden für die Siedlung "Sydowstraße" der Ist-Zustand und mehrere Szenarien der Freiflächengestaltung mit verschiedenen Formen möglicher Biomassenutzung unter Einsatz des dreidimensionalen Stadtklimamodells „ENVI-met®" modelliert. Das Programm „ENVI-met®" bildet die Wechselwirkung von baulichen bzw. vegetativen Stadtstrukturen und dem Mikroklima am Ort ab. Eingangsgrößen sind die realen Klimadaten des Standortes. Die bestehende Bau- oder Freiflächenstruktur kann im Modell geändert und so können die klimatischen Auswirkungen der Veränderung simuliert werden.

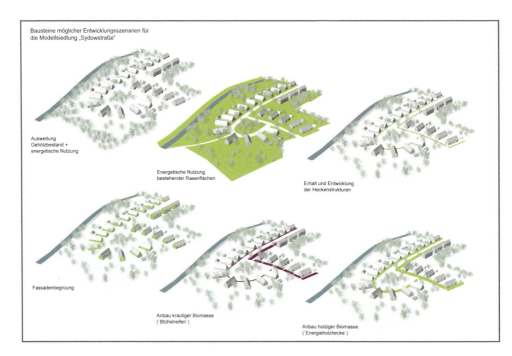

Entwicklungsszenarien der Freiflächengestaltung im Untersuchungsgebiet Sydowstraße in Bottrop. Sie leiten sich aus den oben genannten Bausteinen ab und berücksichtigen die Nutzbarkeit und den Pflegeaufwand der Maßnahmen. Für die klimatische Simulation wurden die Varianten vereinfacht modelliert.

Für die Simulation kann ein Gebiet in einer Genauigkeit von max. 0,5 Metern horizontaler Auflösung abgebildet werden. Eine gröbere Auflösung ist bei großen Gebieten möglich und kann die Rechenzeit reduzieren. Das Klimamodell zur Siedlung „Sydowstraße" simuliert eine Fläche von ca. 250 x 250 Metern. Dies bildet die Auswahlsiedlung mit der umliegenden Topographie ab. Die Rechenzeit des Modells für die Simulation eines Tages beträgt bis zu einer Woche. Errechnet werden die Verteilung von Temperatur und Feuchte sowie das Strömungsfeld. Weitere in „ENVI-met®" abbildbare Faktoren sind u.a.:

- Strahlungsbilanz, d.h. kurz- und langwellige Einstrahlung mit Verschattung, Reflexion und Wärmestrahlung der Vegetation und Fassaden
- Energiebilanz der Oberflächen bzw. der Vegetation, d.h. Verdunstung und fühlbarer Wärmefluss
- Oberflächentemperatur von versiegelten oder unversiegelten Bodenflächen sowie der Fassadenflächen
- Wärme- und Wasserhaushalt des unversiegelten Bodens

Für die Simulation der „Sydowstraße" wird als Ausgangsszenario ein Sommertag (Strahlungstag) angenommen. Die Werte für 14 Uhr beziehen sich auf eine Höhe von 1,8 Metern über dem Boden und zeigen eine deutliche Aufheizung im Straßenbereich. Die unversiegelten Freiflächen sind deutlich kühler.

Energieeffiziente Grünflächen und integrierte Freiflächenentwicklung
Ergebnisse aus dem Forschungsprojekt KuLaRuhr _ 04

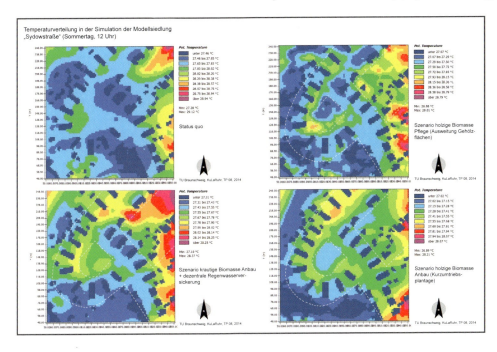

Temperaturverteilung im Status quo und in den drei simulierten Szenarien (Anbau krautiger Biomasse, Anbau holziger Biomasse und Ausweitung des Gehölzbestandes).

Für die weiteren Simulationen mit „ENVI-met®" wurden die privaten und halböffentlichen Grünflächen der Siedlung im Modell im Rahmen verschiedener Szenarien modifiziert. Im Bereich der Mietergärten wurden der Anbau von Biomasse und die dezentrale Versickerung von Niederschlägen integriert. Der Biomasseanbau wird einmal mit krautiger Biomasse unter Einbeziehung der klimatischen Wirkung einer Regenwasserversickerung in dem Klimamodell simuliert (Pflanzung von Chinaschilf - Miscanthus) und einmal mit holziger Biomasse (z.B. Pappel-Kurzumtriebsplantage). Zusätzlich wurde ein Szenario angelegt, bei dem der Baumbestand weiter verdichtet ist, um das Potenzial der holzigen Biomasse aus der Grünflächen-Pflege zu steigern. Die klimatische Simulation verschiedener Biomasse-Szenarien kann Aufschluss über die klimatischen Wirkungen eines städtischen oder stadtnahen Biomasseanbaus geben. Dies wurde bislang noch nicht genauer untersucht. Die Ergebnisse lassen sich auch für eine mögliche Biomassestrategie des Emscher Landschaftsparks verwenden, indem sich z.B. Rückschlüsse auf mögliche Veränderungen oder Beeinflussungen des Mikroklimas im Gebiet des Emscher Landschaftsparks durch Biomassenutzung ziehen lassen.

Kurzumtriebsplantagen bespielsweise können je nach Ausrichtung der Reihen auch zu einem Strömungshindernis werden. In der Simulation der „Sydowstraße" entstehen an einem Sommertag tagsüber durch Verschattung (Kurzumtriebsplantage und dichter Baumbestand) deutlich kühlere Bereiche (um 1,2°C kühler als der Ist-Zustand). Auch die Minimum- und Maximum-Temperaturen im Gebiet liegen bei der Kurzumtriebsplantage und dem dichten Baumbestand unter den Temperaturen des Ist-Zustandes. Es ist davon auszugehen, dass die krautige Biomasse + Regenwasserversickerung nachts deutlich stärker auskühlen wird als die Kurzumtriebsplantage oder der dichte Baumbestand. Tagsüber resultiert aus dem Anbau von krautiger Biomasse kein deutlicher Unterschied zum Ist-Zustand der Siedlung (nur 0,2°C kühler).

Mögliche weitere Bausteine von Szenarien zur Simulation wären Dach- und Fassadenbegrünungen oder der Einsatz von PV-Modulen in den Freiflächen und im Straßenraum. Beim Einsatz von Photovoltaik in Form von Solarcarports oder Solarpergolen kann es sowohl zu einer Verschattung der darunterliegenden Bereiche kommen als auch zu einer starken Aufheizung der darüber liegenden Luftschichten. Hier liegen bislang ebenfalls noch keine belastbaren Daten zur klimatischen Wirkung im Bereich ganzer Siedlungen vor.

Zur Vereinfachung der Simulation wurden die Szenarien flächig angelegt. Nach der Bewertung hinsichtlich klimatischer Eigenschaften, Nutzbarkeit und Pflegeaufwand wurden aus den zuvor genannten Bausteinen Entwicklungsszenarien abgeleitet. Sie zeigen mögliche Entwicklungsvarianten auf und thematisieren die Vor- und Nachteile. Neben den aktiven regenerativen Potenzialen wurden auch die Biomasse- und Energiemengen, die aus der Grünflächenpflege oder dem Anbau von Energiepflanzen gewonnen werden könnten, beziffert. Die abgebildeten Szenarien zeigen einmal den Anbau krautiger Biomasse und einmal den Anbau holziger Biomasse, jeweils ergänzt durch eine Fassadenbegrünung. Die Fassadenbegrünung mindert die Auskühlung der Gebäude und damit deren Heizwärmebedarf. Im Sommer schützt sie durch Verschattung und Verdunstung vor Überhitzung. Die Energieholzhecke könnte von den Bewohnern selbst geerntet und als Brennholz genutzt werden. Allerdings könnte sie im Sommer die Durchlüftung behindern. Die streifenförmige krautige Biomasse müsste geerntet und in einer geeigneten Biogasanlage verwertet werden. Eine direkte Verwertung vor Ort ist nicht möglich, dafür wirkt sie nicht so sehr als Durchlüftungshindernis.

Zwei Entwicklungsszenarien für die Sydowstraße: Krautige und holzige Biomasse aus Anbau in Kombination mit Fassadenbegrünung.

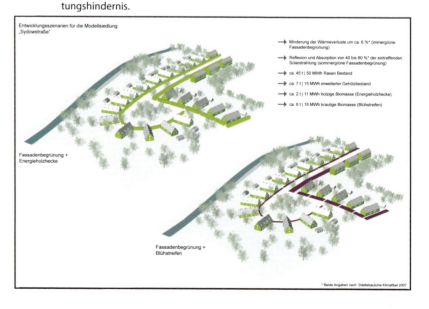

In den Entwicklungsszenarien werden deren klimatische Auswirkungen zusammen mit dem möglichen Biomasseertrag und dem notwendigen Pflegeaufwand betrachtet und bewertet. Ziel ist es darüber hinaus, für die Bewohner möglichst gut und vielfältig nutzbare Freiflächen zu entwickeln. Wenn es dabei gelingt, die Pflegekosten auf dem heutigen Niveau zu halten, durch die Nutzung von Biomasse ggf. Teile dieser Kosten zu decken und einen positiven Beitrag zum Mikroklima im Siedlungsbereich zu leisten, wäre dies ein deutlicher Mehrwert gegenüber dem heutigen Zustand.

Der Ansatz „energieeffizienter Freiflächen in Siedlungen" bietet Anknüpfungspunkte für eine mittelfristige Biomassestrategie im Emscher Landschaftspark (siehe Beitrag von Hans Peter Rohler und Bianca Porath in diesem Buch). Die Rahmenbedingungen der Biomassenutzung aus Grünschnitt sind immer noch schwierig. Auf jeden Fall steigen die Chancen einer wirtschaftlich halbwegs interessanten Nutzung dieser Biomasse, wenn möglichst viele Grünflächen einbezogen werden. In diesem Sinn wäre auch die Koppelung von privaten Flächen, etwa der Wohnungsbaugesellschaften, mit öffentlichen Grünflächen ein denkbarer Weg. So kann das Zusammendenken von kommunal organisierter und gewerblicher Pflege privater Flächen zu einem wirtschaftlich relevanten Gesamtaufkommen an Biomasse führen und die Potenziale von Freiflächen zur positiven klimatischen Beeinflussung können weiter ausgebaut werden.

Autoren

Prof. Dr. Jörg Dettmar

Prof. Dr. Jörg Dettmar hat nach dem Studium der Landschaftsplanung und Landschaftsarchitektur mit Spezialisierung in der Stadtökologie in seiner Dissertation über die Flora und Vegetation von Industrieflächen im Ruhrgebiet geforscht. Nach verschiedenen Stationen in öffentlichen Verwaltungen in Niedersachsen und Hamburg arbeitete er von 1995 bis 2000 in der IBA Emscher Park verantwortlich am Emscher Landschaftspark. Seit 2001 vertritt er die Professur Entwerfen und Freiraumplanung am Fachbereich Architektur der TU Darmstadt. Seine Forschungsschwerpunkte liegen in den Bereichen Nachhaltige Entwicklung Urbaner Landschaften, der Energetischen Optimierung von Siedlungsstrukturen und der Unterhaltung urbaner Grünflächen.

Dipl.-Ing. (FH) Sandra Sieber

Sandra Sieber hat 2006 ihr Studium der Landschaftsarchitektur an der FH Erfurt mit einer Diplomarbeit zur filmischen Fiktion und gebauten Wirklichkeit von Siedlungsfreiraumen abgeschlossen. Von 2008 bis 2010 war sie Mitarbeiterin im BMBF-Forschungsprojekt `Energiegarten® der FH Erfurt – Machbarkeitsstudie zur $CO_2$-neutralen Energieversorgung des FH Standorts Leipziger Str. 77. Seit 2010 arbeitet sie als wissenschaftliche Mitarbeiterin an der TU Darmstadt, Fachbereich Architektur, FG `Entwerfen und Freiraumplanung´ in den Forschungsprojekten `EnEff:Stadt UrbanReNet´ und `KuLaRuhr, TP01, Maßnahme1 – Optimierung der Energieeffizienz von Siedlungen´.

Quellenverzeichnis

Internetseite InnovationCity Ruhr | Modellstadt Bottrop, www.icruhr.de, Zugriff am 23.09.2014

Internetseite KuLaRuhr, Arbeitsgruppe „Klimatologie und Umweltmeteorologie" der TU Braunschweig, www.kularuhr.de/index.php/mikroklimatisches-potenzial.html, Zugriff am 03.09.2014

Hegger M., Dettmar J., Martin A., Meinberg T., Boczek B., ; Drebes C., Greiner M., Hesse U., Kern T., Mahlke D., Al-Najjar A., Schoch C., Schulze J., Sieber S., Stute V., Sylla O., Wurzbacher S., Zelmer A., (2013) UrbanReNet I EnEff:Stadt – Verbundprojekt Netzoptimierung – Teilprojekt: Vernetzte regenerative Energiekonzepte im Siedlungs- und Landschaftsraum; Darmstadt.

Anlage 1 Abschlussbericht „EnEff :Stadt UrbanReNet", Internetseite Fachgebiet Entwerfen und Energieeffizientes Bauen, www.ee.architektur.tu-darmstadt.de/ee/publika_ee/forschungsberichte.de.jsp, Zugriff am 03.09.2014

Internetseite Fachagentur für nachwachsende Rohstoffe (FNR), http://mediathek.fnr.de/grafiken/daten-und-fakten/bioenergie/biogas/strom-naturlich-aus-biogas.html, Zugriff am 03.09.2014

Seite		Abbildungsverzeichnis
47	Abb. eigene Darstellung	
	Abb. eigene Darstellung	
48	Abb. eigene Darstellung	
49	Abb. eigene Darstellung	
50	Abb. eigene Darstellung	
52	Abb. eigene Darstellung	
53	Abb. eigene Darstellung	
54	Abb. eigene Darstellung	

04.2

_Jörg Dettmar | Heinz-Jürgen Achterberg | Michael Herz

Integration von Bergbaufolgestandorten in die Kulturlandschaft der Metropole Ruhr

Energieeffiziente Grünflächen und integrierte Freiflächenentwicklung
Ergebnisse aus dem Forschungsprojekt KuLaRuhr _ 04

Welheimer Mark in Bottrop - Beispiel einer Untersuchungsfläche

Das geplante Ende des Bergbaus in der Metropole Ruhr im Jahr 2018 wird zahlreiche weitere Flächen freisetzen (siehe u.a. www.konzept-ruhr.de/konzept-ruhr/wandel-als-chance.html). Wie in der Vergangenheit ist absehbar, dass auch bei diesen Flächen große Teile -mangels entsprechender Bedarfe oder vorhandener Restriktionen - nicht erneut baulich genutzt, sondern zu öffentlichen Freiflächen umgewandelt werden müssen. Dies bietet erneut erhebliche Potentiale für die Erweiterung des Emscher Landschaftsparks, insbesondere auch für eine verbesserte Anbindung von verschiedenen Stadtquartieren.

Einbezogen in die Untersuchung im Rahmen von KuLaRuhr wurden aber auch verschiedene ältere Bergbaubrachen, bei denen sich aufgrund unterschiedlichster Hemmnisse über mehrere Jahrzehnte nichts bewegt hat. Ziel war die Ermittlung der Potentiale dieser Flächen für eine Integration in den ELP, teilweise auch in Kombination mit einer eventuellen neuen baulichen Nutzung zu einem späteren Zeitpunkt.

Auswahl der Untersuchungsgebiete

Da im Rahmen des Verbundprojektes KulaRuhr nicht der gesamte Emscher Landschaftspark (ELP) untersucht werden konnte, wurden in Abstimmung zwischen allen Teilprojekten (siehe Beitrag Dettmar in diesem Buch) zwei repräsentative Betrachtungsräume festgelegt.

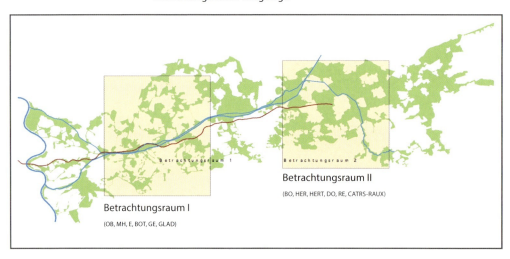

Betrachtungsräume des Emscher Landschaftsparks im Rahmen von KulaRuhr

Betrachtungsraum 1

Der Betrachtungsraum 1 umfasst Teile der Stadtgebiete von Oberhausen, Mühlheim a. d. Ruhr, Essen, Bottrop, Gladbeck und Gelsenkirchen. Er reicht im Süden mit den Winkhäuser Bachtälern bis an die A 40 und im Norden mit dem Oberlauf der Boye an den Landschaftraum der Lippe heran. An seinem westlichen Rand ragt der Betrachtungsraum bis an das westliche Ende der Emscherinsel in Oberhausen, im Osten umfasst er den Stadtteil Gelsenkirchen-Schalke. Teile der Regionalen Grünzüge B und C des ELP sowie des neuen Emschertals sind enthalten. Die Struktur der Stadtlandschaft wird hier im Wesentlichen durch ein Patchwork aus Siedlungen, fragmentierten Freiräumen aus Restflächen, Halden und Landschaftsbändern entlang ehemaliger und aktueller Infrastrukturtrassen gebildet. Das Zentrum des Betrachtungsraums ist der Knotenpunkt zwischen dem Regionalem Grünzug C und dem Neuen Emschertal. Hier treffen verschiedene, durch Bergbau und Industrie genutzte Flächen (Zeche und Kokerei Prosper, Tanklager, Kläranlage Bottrop etc.) auf das neue Emschertal mit seinen drei großen Infrastrukturbändern Emscher, Rhein-Herne-Kanal und Autobahn A 42. In nordwestlicher Richtung entwickelt sich zwischen den Siedlungsflächen der Stadt Bottrop und der Haldenlandschaft Brauck das Boyetal als überwiegend landwirtschaftlich geprägter Talraum bis an die Bebauung der Stadt Gladbeck. Südlich des Neuen Emschertals zieht sich der Grünzug C vor allem entlang des Leither Baches und des Eiberg Baches bis in das Essener Stadtzentrum hinein.

Betrachtungsraum 2

Im Betrachtungsraum 2 liegen Teilbereiche der Städte Recklinghausen, Castrop-Rauxel, Herten, Herne, Bochum, Dortmund und Lünen. Der Betrachtungsraum reicht im Norden an die Autobahn A 2 und im Süden an die A 40. Die A 42 stößt in der Mitte auf die A 45, die das Gebiet in Nord-Süd-Richtung durchquert. Die Emscher fließt von Südosten nach Nordwesten. Im Untersuchungsgebiet liegen auch Teilbereiche des Rhein-Herne- und des Dortmund-Ems-Kanals. Der Emscher Landschaftspark mit Teilbereichen der Grünzüge E und F ist in diesem Raum geprägt durch die erwähnten Infrastrukturtrassen sowie vergleichsweise große Land- und Forstwirtschaftsflächen und relativ kompakte Siedlungsbereiche. Der nächste methodische Schritt nach der Festlegung der beiden Betrachtungs-räume bestand aus der Sichtung möglicher Untersuchungsflächen. Von den beteiligten sechs Kommunen wurden insgesamt 70 Flächen vorgeschlagen. Einbezogen wurde eine Auswertung des aktuellen Gewerbeflächenatlas der Metropole Ruhr (RUHRAGIS) (http://business.metropoleruhr.de/beratung-service/ruhragis-gewerbeflaechenatlas.html).
Die Flächenvorschläge wurden in drei Arbeitsschritten anhand des folgenden Kriterienkatalogs bewertet und die Anzahl der potenziellen Untersuchungsge-biete schrittweise eingegrenzt. Die Flächen sollten:

- eine montanindustrielle Vornutzung aufweisen oder in einer direkten Verbindung zu dieser gestanden haben (z.B. Zulieferungsbetriebe, Bahn-flächen),

- in unmittelbarer Nähe zum oder innerhalb des Emscher Landschaftsparks liegen (Grünzüge B / C und E / F der beiden Betrachtungsräume),

- möglichst in der Nähe von wichtigen Projekten oder Leuchtturmprojekten des Emscher Landschaftsparks liegen,

- in Nachbarschaft zu Entwicklungsflächen des Masterplans EmscherZukunft liegen,

- offen sein in ihrer Entwicklungsperspektive in Bezug auf die Planungs-parameter, d.h. eine grobe Körnigkeit rechtsverbindlicher Planungsaussa-gen und eine langfristige Entwicklungsperspektive aufweisen,

- hinsichtlich der Größe und Lage Entwicklungspotentiale haben im Hinblick auf die zukünftige Dauernutzung sowie ausreichend Flexibilität für mög-liche Zwischennutzungen,

- in gewissen Grenzen typisch sein für Brachen, so dass die Aufgabenstel-lungen und Lösungsansätze auf andere Standorte übertragbar sind.

Betrachtungsraum 1
mit den ausgewählten
Untersuchungsflächen

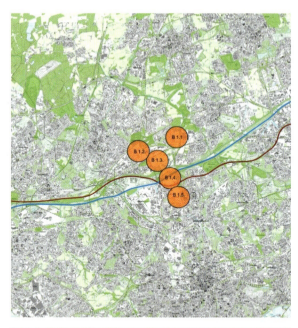

Betrachtungsraum 2
mit den ausgewählten
Untersuchungsflächen

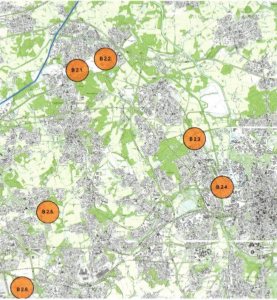

Die tabellarische Auflistung der insgesamt 11 ausgewählten Untersuchungsflächen mit den wichtigsten Eckdaten, der Projekztrelevanz und des Untersuchungsprogramms enthält auch die Projektziele für die einzelnen Standorte. Die Recklinghäuser Flächen des EON- und RWE-Systems wurden im Laufe der Szenarienentwicklung zu einer erweiterten Untersuchungsfläche zusammengefasst.

Energieeffiziente Grünflächen und integrierte Freiflächenentwicklung
Ergebnisse aus dem Forschungsprojekt KuLaRuhr _ 04

Untersuchungsgebiet	Größe	Eigentümer	Lage / Umgebung	Derzeitige Nutzung	Planung	Restriktionen	Beziehung zum ELP	Gründe für die Auswahl	Untersuchungsprogramm
1.1. Flotationsbecken Gungstraße	16,1ha	· RAG Imm AG	· Stadtteil Welheim, · Bottrop Forstflächen, Boye, B224, · landwirtschaftliche Flächen, Gewerbe	· Einleitung Kohlewässer und -schlämme, · Grubenwasser, · Absetzbecken	· Land- und forstwirtschaftliche Fläche, · Ausgleichsfläche, · Ausbau B224 zur A52	· Betrieb bis 2018 · Bodensanierung notwendig	· Lage im Grünzug C, Boye-Grünzug, · Grüner Ring Gladbeck · Haidenlandschaft Bottrop	· typische „Nebenproduktfläche" der Montanindustrie, · typische Rahmenbedingungen Betrachtungsraum 1, · Strategische Lage im ELP	· Forstwirtschaftliche Nachnutzung, · dauerhafte Produktion holziger Biomasse, · Freizeit- und Sportnachnutzungen.
1.2. Prosper II	42,6 ha	· RAG Imm AG	· Stadtteil Welheim, · Bottrop Kokerei Prosper, Haidenlandschaft, · Gleisanlagen, · Wohngebiet	· Aktive Zeche Prosper II	· Gewerbliche Nutzung	· Betrieb bis 2018	· Lage im Grünzug C, · Haidenlandschaft Bottrop	· letzter aktiver Bergbaustandort im Ruhrgebiet, · Stilllegung 2018, · Schnittstelle Wohn- und Industrienutzung, · Schnittstelle Nord-Süd- und West-Ost-Verbindungen ELP	· Gewerbe- und Siedlungs-Nachnutzungskonzepte für die Untersuchungsfläche. · Übergeordnete Einbindung der Flächen in die Gewerbe- und Siedlungsentwicklung in Bottroper Südosten. · Anbindung der Flächen an das übergeordnete Fuß- und Radwegenetz des Emscher Landschaftsparks und die Bottroper Haidenlandschaft
1.3. Welheimer Mark	60,5ha	· RAG Imm AG	· Stadtteil Welheim, · Bottrop Kokerei Prosper, Zufahrtsstraße Haverkamp, Kläranlage Bottrop, · Gleisanlagen und Siedlung Welheimer Mark	· Landwirtschaftliche Nutzung, · Kleingewerbe	· Gewerbe, · Landwirtschaft, · Eingriffs-Ausgleichsflächen	· Eingeschränkte Zufahrt	· Lage im Grünzug C, Haidenlandschaft Bottrop	· Eine der wenigen Flächen des Ruhrgebiets mit allochthonen Böden; · Entwicklungsabsichten der Stadt Bottrop hinsichtlich Gewerbegebiet; wichtige Lage im ELP	· Siedlungs- und Freiflächenkonzept Welheimer Mark · Städtebauliche Konzepte für eine Gewerbe- oder landwirtschaftliche Entwicklung · Konzeption eines Grün- und Wegenetzes Anbindung des Leuchtturmprojekts Batenbrock Haiden (Tetraeder) an den Emscher Landschaftspark
1.4. Nationale Kohlereserve	43,9ha	· RAG Imm AG, · Nutzung RBH Logistics GmbH	· Stadtteil Vogelheim, · Essen Rhein-_Herne-Kanal, · B224, A42, · Essener Stadthafengebiet	· Kohlelagerplatz, östlicher Bereich als Ausgleichspflanzung vorgesehen	· Gewerbliche und industrielle Nutzungen, · Ausgleichsflächen, · Windenergieanlagen	· Westlicher Bereich hohes Altlastenrisiko, sonst mittleres.	· Teil des ELP an der Schnittstelle Grünzuge B und C; · Störung in der Kontinuität ELP	· Fläche mit historischer und aktueller Kohlelagernutzung, · weithin sichtbare Fläche, · strategisch bedeutsame Stelle für den Emscher Landschaftspark am Rhein-Herne-Kanal	· Stärkung des Emscher Landschaftsparks im sensiblen Bereich zwischen dem Essener Hafen und dem Nordstern-Park · Areal Verknüpfung von alternativen Freizeitrouten mit Anschluss an bestehende Projekte in Essen und Bottrop · Gewerbeflächenentwicklung · Stärkung des Standortes mit einer Sondernutzung („Leuchtturmprojekt")
1.5. Emil Emscher	42,1ha	· RAG Montan Immobilien	· Stadtteil Vogelheim, Essen A42, B224, · Stadtteil Vogelheim/Handwerks- und Dienstleistungsbetriebe, · Essener Stadthafen	· Zechenbrache	· Gewerbliche und / oder industrielle Nutzung, · Aufstellungsbeschluss B-Plan	· Naturschutzgebiet im Norden; · hohes Gefährdungspotenzial Altlasten	· Teil des ELP an der Schnittstelle Grünzuge B und C; · Teil des Essener Stadtrouten	· ehemaliger Zechenstandort, · typische Rahmenbedingungen Betrachtungsraum 1, · Fläche mit hohem Entwicklungspotenzial, · „Trittstein" lokaler Freiraumsysteme und ELP	· Gewerbliche und logistische Entwicklungskonzepte für den Standort Einbindung des Standorts in kommunale Freiraum-Entwicklungskonzepte · Anbindung der Fläche an den Emscher Landschaftspark (Rhein-Herne-Kanal)

Charakterisierung der ausgewählten Untersuchungsflächen

Charakterisierung der ausgewählten Untersuchungsflächen

Untersuchungsgebiet	Größe	Eigentümer	Lage / Umgebung	Derzeitige Nutzung	Planung	Restriktionen	Beziehung zum ELP	Gründe für die Auswahl	Untersuchungsprogramm
2.1./2.2. Südliches Habinghorst (EON / RWE-Systems)	90,5ha	• E.ON AG, • RWE AG, • Stadt Castrop-Rauxel	Südliche Stadtgrenze Habinghorst / Castrop-Rauxel; • Klöcknerstraße (Gewerbeerschließung), • L658, NSG Brunosee und Deiningshauser Bach, • B235 CR-Zentrum	• Brachflächen, • Gewerbeflächen, • Bauflächen, • Siedlungsfläche, • Gewerbe, • Forstfläche	• EON Gemischt	• LSG Schwarzer Weg (Grünzug F) • Altlasten im Bereich nördlich Klöcknerstraße	• Waldgebiet Schwarzer Weg (Grünzug F) • Deininghauser Bach, • Wasserkreuz Castrop-Rauxel (Sprung über die Emscher)	• Ehemalige Montannutzung bzw. Energieerzeugung • strategische Bedeutung für den kompletten südlichen Siedlungsrand von Habinghorst, • Zwischennutzung/Biomassegewinnung / Freiflächenpflege auf den verbleibenden Freiflächen und Entwicklungsflächen • komplexe Interessenlage Stadt und Eigentümer; Nachbarschaft ELP	• Übergeordnetes Siedlungs- und Freiflächenkonzept „Südliches Habinghorst" • Städtebauliche Konzepte entlang der neugebauten Erschließungsstraße entlang des Klöcknerstraße
2.3. Kokerei Hansa	15,4ha	• RAG Montan Immobilien	Nordwesten von Dortmund, • Bahndamm, Bahngleise, • ehemaliges Werksgelände Kokerei Hansa, • Kleingärten, • Emscherallee	• Brache, • Landschaftsbauwerk, • Landwirtschaftlich genutzte Flächen	Stadt Dortmund: Gewerbe, Gebietsentwicklungsplan Landschaftsbauwerk	• Gefährdungspotenzial durch Altlasten; • Landmarke Deponie Huckarde, Klärwerk Deusen	• Grünzug F im Emscher Landschaftspark	• Ehemalige Fläche der Montanindustrie, bedeutender industriekultureller Zeuge, • Anbindung der Flächen an das übergeordnete Fuß- und Radwegenetz des Emscher Landschaftsparks, und des neuen Emschertals	• Gewerbe- und Mischnutzungskonzepte für die Untersuchungsfläche • Zwischennutzungskonzept für die temporäre Entwicklung der Fläche
2.4. Güterbahnhof Westfaliastraße	26,2 ha	• Deutsche Bahn Immobilien AG	• Dortmund, Stadtteil Huckarde • Hafen Straßenbrücke Franziusstraße, • Westfaliastraße und Hafen, • Straßenbrücke Königsbergstr., • Bahngleise	Bahnbrache	• Gewerbe, • eventuell Industrie	• Zäsur der Fläche durch Mallinck-rott-brücke in zwei Teile, • unbekanntes Altlastenrisiko	• keine ummittelbare Nähe zum Grünzug F, • geplanter Radweg der Fläche keine Einrahmung durch städtische befindliche Fläche mit großer Übertragbarkeit	• Gewerbe- und industrielle Entwicklung der Untersuchungsfläche im Sinne der Montanindustrie, aber in Abhängigkeit zur Montanindustrie-wicklung • Zwischennutzungskonzept für den Teilbereichen auf.	• Entwicklung von Strategien zur Biomasse- • Zwischennutzung in drei Teilabschnitten • Zeitliche Entwicklungsschiene in insgesamt 4 Zeitschritten bis 2035
2.5. Havkenscheider Feld	94ha	• Stadt Bochum	Osten der Stadt Bochum: Hauptfriedhof, • bestehende Wohnbebauung und ev. Hochschule, • Werner Hellweg (L 649), A 43	• Gärtnereibrachen, Friedhof, • Gärtnereien, • Kleingärten, • landwirtschaftliche Flächen	• Planungsrecht, Friedhofsnutzung im Osten bleibt erhalten, • Stadt Bochum: Erweiterung Hochschule, Wohnen und Freiflächen	• Friedhofsnutzung im Osten bleibt erhalten, • Sheffield-Ring als Zäsur	• keine direkte Beziehung vorhanden, geplanter Radweg Ruhr Emscher östlich Untersuchungsgebiet	• kein Bergbaualtgelegenenhort, größte städtebauliche Entwicklungsmaßnahme Bochums, • Zwischennutzungskonzepte in Teilbereichen aufgrund Flächengrößen und Entwicklungszeiträumen interessant	• Arrondierung der nördlich und südlich gelegenen Siedlungsbereiche Bochum-Hiltrop • Verbesserung des Naherholungsangebotes sowie der Wegverbindungen in Grünräume und den benachbarten Grünzug C des Emscher Landschaftsparks
2.6. Dietrich-Benking-Straße	3,3ha	• VIVAWEST, • RAG Montan Immobilien	• Nordöstliches Stadtgebiet Bochum mit Fuß- und Radweg, • Eisenbahndamm mit Vegetation, • Landwirtschaftliche Fläche, • Gehölzband	• Östlicher Bereich: Gewerbebrache, • Flächennutzungsplan Grünfläche, • westlicher Bereich: landwirtschaftliche Nutzung	• Gebietsentwicklungsplan Gewerbe, • Stadt und Eigentümer: Wohnen	• keine Restriktionen bekannt.	• Lage in der Umgebung des Grünzugs E, • Nähe Emscher Park Radweg und Halden Lothringen und Tippelsberg	• klassischer ehemaliger Montanstandort mit angrenzender landwirtschaftlich genutzten Fläche • Umgang mit noch bestehender Parkfuge und Siedlungsrändern, • Zugang zum Emscher Landschaftspark	• Nachnutzungskonzepte für die Fläche des ehemaligen Kalksteinwerks und der angrenzenden landwirtschaftlich genutzten Fläche

Entwicklung von Szenarien für die Untersuchungsflächen

Im nächsten Schritt wurden für alle ausgewählten Flächen verschiedene Szenarien für die zukünftige Nutzung erarbeitet. Die Szenarien haben in der Regel folgende Hauptentwicklungsrichtungen; eines stellt – soweit vorhanden – den aktuellen Planungsstand bzw. die Entwicklungsabsichten der Kommune und/oder des Eigentümers dar. Andere Szenarien fokussieren vor allem auf unterschiedliche Entwicklungen von Freiräumen und die Integration in den Emscher Landschaftspark. Ein weiteres Szenario versucht eine Kombination aus baulicher Entwicklung und Freiraum.

Die unterschiedlichen Szenarien wurden in den sechs beteiligten Städten und zum Teil auch bei den Eigentümern vorgestellt und die angestrebten Entwicklungsziele diskutiert. Die in diesen Gesprächen gewonnenen Anregungen und Ergänzungen bildeten die Basis eines ersten Überarbeitungsschrittes.

Nach dieser Rückkoppelung wurden zwei Flächen für eine intensivere Bearbeitung ausgewählt. Gründe für diese Konzentration waren eine gewisse Repräsentativität, besonderes Interesse der Kommunen bzw. der Eigentümer an Ideen sowie große Potentiale für die Weiterentwicklung des ELP in diesen Bereichen. Es handelt sich um die Welheimer Mark in Bottrop und das südliche Habinghorst in Castrop-Rauxel.

Mit zwei anderen Teilvorhaben aus dem Gesamtprojekt KuLaRuhr (Biodiversität unterschiedlich genutzter Flächen und Nachhaltigkeitsbezogene Bewertung alternativer Flächenkonzepte; beide von der Universität Duisburg-Essen) wurde festgelegt, für die Untersuchungsfläche Welheimer Mark/ Bottrop exemplarisch eine transdisziplinäre Nachhaltigkeitsbewertung der verschiedenen Szenarien durchzuführen.

Szenarien für die Untersuchungsfläche Welheimer Mark a. Gewerbegebiet, b. Gewerbepark, c. Industriell geprägte Landwirtschaft, d. Agrofors

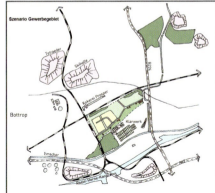
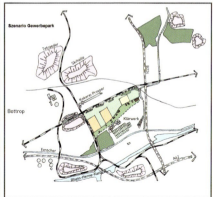
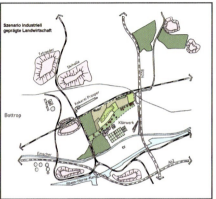
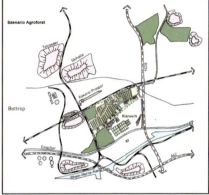

Mögliche städtebauliche und freiraumplanerische Ziele sind festgelegt worden aus einer intensiven städtebaulichen und freiraumplanerischen Analyse der Welheimer Mark. Einbezogen wurde auch eine aktuelle Biotopstrukturkartierung und -bewertung. Die aktuellen Planungen bzw. Vorstellungen der Stadt Bottrop und des Eigentümers größerer Flächenanteile in der Welheimer Mark, der RAG, sind ebenfalls einbezogen worden. Dies war die Basis, auf der drei Nutzungs-Szenarien entworfen wurden. Deren mögliche Konsequenzen ließen sich dann qualitativ und quantitativ bewerten. Über städtebauliche Kennwerte und Flächengrößen ließen sich die Daten zum Flächenverbrauch ermitteln. Darüber hinaus wurde der potentielle Biotopwert zukünftiger Nutzungen in den unterschiedlichen Szenarien bestimmt. Das für diese Bewertung zusammen mit dem KulaRuhr Teilprojekt „Ökologische Bewertung alternativer Flächennutzungen" der Universität Duisburg-Essen entwickelte Biotoptypensystem enthält eine numerische Bewertung von Biotoptypen, die auf der numerischen Bewertung von Biotoptypen in der Eingriffsregelung und In der Bauleitplanung in NRW basiert (siehe www.lanuv.nrw.de/natur/lebensr/num_bewert.htm)

Vergleich Biotoptypen und Biotopwerte unterschiedlicher Nutzungen

Biotoptypen	Eigenarten	Prognosewert	Bestand Fläche	Biotopwert	Gewerbegebiet Fläche	Biotopwert	Gewerbepark_A Fläche	Biotopwert	Gewerbepark_B Fläche	Biotopwert	Kulturlandschaft Fläche	Biotopwert	Agroforst/Kult. Fläche
Landwirtschaftlich genutzte Flächen													
Acker	nutzungsintensiv	2,0	152.219	304.437	7.051	14.101					105.812	211.624	209.641
Wiese	nutzungsextensiv	3,0	24.052	72.156	194.398	583.194	255.002	765.006	198.663	595.990	101.448	304.344	111.915
Weide	Viehwirtschaft	3,0	43.892	131.676	55.030	165.091			10.403	31.208	83.361	250.083	33.568
Biomasse													
Wildpflanzenmischung	Mahd jährlich	5,0					27.262	136.310			59.595	297.975	
Industrie- und Gewerbeflächen													
Gebäude/Anlagen	versiegelt	0,0	16.425	0			15.637	0	2.762	0			4.045
Gebäude/Anlagen	mit nachgeschalteter Versickerung	0,5			56.465	28.233							
Lagerflächen	versiegelt	0,0	7.062	0	52.785	0	12.798	0	6.503	0			1.327
extensiv gepflegte Grünflächen	Grünanlage, strukturarm	3,0	15.222	45.666	43.430	130.290	27.036	81.108	12.678	38.035			
Versickerungsflächen	Rasen- und Wiesenflächen extensiv	4,0					16.342	65.368	10.285	41.139			510
Abwasseranlagen	Rasen- und Wiesenflächen extensiv	3,0	2.558	7.674	2.558	7.674							
Rohboden	Erdlager	4,0	1.576	6.304									
Siedlungsflächen (Wohnen, Mischgebiet)													
Gebäude/Höfe	versiegelt	0,0	10.274	0	11.930	0	16.311	0	27.584	0	13.687	0	10.000
Gebäude/Höfe	mit nachgeschalteter Versickerung	0,5			10.460	5.230					4.844	2.422	3.210
Gärten	strukturarm	3,0	28.356	85.067	26.701	80.104	62.662	187.985	125.351	376.058	55.506	166.519	55.409
Vegetationsflächen													
Gehölzgruppen	Baum & Heckenstrukturen	4,0	70.897	283.587	65.535	262.140	96.132	384.529	136.058	545.099	118.034	472.078	112.396
alte Brache		4,0	147.941	591.764	14.099	56.397							
junge Brache		3,0	21.729	65.186									
Verkehrsflächen													
Wege	Siedlungen	1,0	21.570	21.570	17.336	17.336	27.561	27.582	26.805	26.805	23.860	23.860	23.667
Parken	teilversiegelt	0,5	5.504	2.752	5.509	2.755	8.306	4.153	8.306	4.153	8.306	4.153	
Straßen	versiegelt	0,0	26.452	0	32.191	0	26.424		26.737	0	22.351	0	31.109
Gewässer													
fließendes Gewässer	Graben bedingt naturnah	6,0	9.051	54.308	9.301	55.809	13.963	83.777	13.300	79.798	8.634	51.806	8.641
temporäres Gewässer	Stauwasser, Versickerung, Senke	6,0	656	3.937	657	3.941							
Gesamtfläche Biotoptypen			605.435	1.676.085	605.436	1.412.295	605.436	1.735.818	605.435	1.738.285	605.438	1.784.864	605.438

Darüber hinaus wurde das Szenario „Gewerbepark" im Rahmen eines städtebaulich-freiraumplanerischen Testentwurfs weiterentwickelt. Auf dieser Basis war eine noch detailliertere Analyse des Flächenverbrauchs, der internen Durchlässigkeit und der Einbindungsmöglichkeiten in den umgebenden Stadt- bzw. Landschaftsraum möglich.

Energieeffiziente Grünflächen und integrierte Freiflächenentwicklung
Ergebnisse aus dem Forschungsprojekt KuLaRuhr _ 04

Welheimer Mark   Szenario Gewerbepark - flexible Einteilung der Parzellen

Testentwurf Gewerbepark
Welheimer Mark

Parallel dazu betrachtet das KulaRuhr Teilprojekt "Nachhaltigkeitsbezogene Bewertung alternativer Flächennutzungskonzepte" der Universität Duisburg-Essen anhand einer detaillierten Stakeholderanalyse und einer personenbezogenen Umfrage bei den als Stakeholder identifizierten Personen die Auswirkung der Szenarien auf die vertiefte Untersuchsfläche Welheimer Mark. Die Ergebnisse lagen allerdings zur Drucklegung dieses Buches noch nicht vor, da das Teilprojekt noch nicht abgeschossen ist.

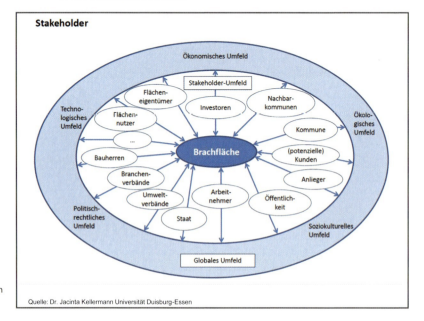

Übersicht der im Rahmen einer nachhaltigkeitsbezogenen Bewertung alternativer Flächennutzungskonzepte für die Welheimer Mark zu beteiligenden Stakebolder

Ergebnisse

Auf der Basis der erarbeiteten, analysierten und bewerteten Szenarien lassen sich für die Untersuchungsflächen und die angrenzenden Stadt- und Landschaftsräume verschiedene Ergebnisse ableiten:

Kommunale Planungsziele, Projektideen und konkrete städtebauliche Entwicklungsschritte können mit Hilfe von städtebaulich-freiraumplanerischen Testentwürfen überprüft werden. So lassen sich mit vergleichsweise geringem Aufwand die strategischen Planungen der Kommunen, der Eigentümer oder anderer Planungsträger weiter qualifizieren.

Die Integration und Verknüpfung einer Gewerbeflächenentwicklung mit lokalen und regionalen Freiraumstrukturen sind generell möglich, wenn übergeordneten Freiraumbezügen über kommunale Grenzen hinweg Rechnung getragen wird.

Die Infrastrukturtrassen der Kanäle, der Emscher, des Schienenverkehrs und der Autobahnen verbinden die ehemaligen Industrie-/ Bergbauflächen, stellen aber für die Grün- und Wegeverbindungen des Emscher Landschaftsparks überwiegend große Barrieren dar.

Die übergeordneten Bezüge zum Emscher Landschaftspark werden in der kommunalen Planungspraxis immer noch nicht ausreichend berücksichtigt. Die systematische Verknüpfung mit den übergeordneten Wegebeziehungen des Landschaftsparks, die Anbindung der Destinationen der Naherholung und der Zugang zu den umgebauten Gewässern des Emschersystems würde zukünftige Wohngebiete, aber auch Gewerbeflächen erheblich aufwerten.

Die kommunalen Projekte sollten mit den übergeordneten Planungen und Strategien des Emscher Landschaftsparks und des Emscherumbaus effektiver rückgekoppelt werden. Die regionalen Entwicklungs- und Flächennutzungspläne müssen stärker mit den Entwicklungszielen des Emscher Landschaftsparks und dem Masterplan Emscher Zukunft verzahnt werden.

Die Nutzung der Bergbaufolgestandorte durch eine Gewerbeentwicklung erscheint aus der Sicht der Eigentümer, ggf. auch der Kommunen, zunächst nahe liegend. Allerdings bestehen bekanntermaßen bei den meisten dieser Brachen Restriktionen, die eine neue bauliche Entwicklung behindern (siehe u.a. http://www.refina-info.de/).

Dies sind bezogen auf die hier untersuchten Flächen v.a.:

- Altlastenverdacht oder vorhandene Altlasten mit den entsprechendenrechtlichen Konsequenzen bei der Neunutzung bis hin zur notwendigen Sicherung oder Sanierung der Altlast und den daraus resultierenden Restriktionen, z.B. hinsichtlich der Lage von Deponien oder Landschaftsbauwerken,

- Nachbarschaftsnutzungen, wie z.B. Wohngebiete, für die ein bestimmter Immissionsschutz, Lärmschutz oder Abstandsregeln gelten

- industriekulturelle Relikte, eventuell Denkmale die in neue Strukturen integriert werden sollen,

- bestehende, inzwischen schutzwürdige Biotopstrukturen.

Die rechtzeitige Abstimmung der Planungsziele für die zukünftige Nutzung mit den Erfordernissen der Altlastenbehandlung ermöglicht eine auf die zukünftige Nutzung abgestimmte Flächeneinteilung. Dies ist durchaus nicht Standard, wie sich bei einer Untersuchungsfläche (Kokerei Hansa, Dortmund-Huckarde) zeigte.

Generell sollte die Durchlässigkeit von Gewerbegebieten mittels Durchwegung, Grünachsen und ggf. Anbindung an den Emscher Landschaftspark dort, wo es möglich ist, gewährleistet sein. Auf diese Weise können Gewerbeflächen bei entsprechender Lage als Transitraum zwischen Wohnen und Landschaft fungieren. Am Beispiel der Vertiefungsfläche Welheimer Mark ließ sich mit den ausgearbeiteten Szenarien aufzeigen, das die Vernetzung kleinteilig strukturierter Gewerbeflächen mit den bestehenden Siedlungs- und Landschaftsteilen möglich ist. Dagegen stellt die Integration großer Industrie- und Logistikstandorte auf Grund des enormen Erschließungsaufwands und der Undurchlässigkeit eine große Herausforderung dar.

Generell kann festgehalten werden, dass die Nachfrage nach kleineren Gewerbeparzellen (auch in Kombination mit Wohnen) in den betreffenden Kommunen auch bzgl. der untersuchten Flächen – soweit sie vermarktbar wären – durchaus vorhanden ist.

Auf einigen Untersuchungsflächen erscheint entgegen der jetzigen Planung der Kommunen eine Wohnnutzung im städtebaulichen Kontext vorteilhafter, da vorhandene Nachbarschaften gestärkt werden und soziale Einrichtungen stabilisiert werden. Auf Grund der höheren Bodenrenten beim Wohnungsbau lassen sich auch Sanierungsmaßnahmen besser darstellen. Wohnsiedlungen profitieren von Faktoren der Lagegunst (Nähe zu Kanal und Emscher, Emscher Landschaftspark); dies gilt im besonderen Maße für Untersuchungsflächen wie das Bergwerk Prosper 2 in Bottrop oder das Areal „Dietrich-Benking-Straße" in Bochum.

Die Rückkoppelung dieser Untersuchungsergebnisse mit den Erkenntnissen des KulaRuhr Teilprojektes „Entwicklung einer regionalen Biomassestrategie mit den Kernbausteinen Biomassenutzung und -produktion im Emscher Landschaftspark, inklusive einer Verwendung des Grünschnitts aus der Parkpflege" der TU Darmstadt zeigt, dass die Zwischennutzung von Brachen für den Biomasseanbau bzw. die Gewinnung von Biomasse aus dem natürlichen Aufwuchs zur Zeit nur bedingt wirtschaftlich umsetzbar ist, weil die Investitionen in die Aufbereitung der Standorte i.d.R. zu hoch sind (siehe Beitrag Porath & Rohler in diesem Buch). Am ehesten wirtschaftlich interessant ist die Nutzung holziger Biomasse aus Kurzumtriebsplantagen, wenn absehbar ist, dass Brachen über längere Zeiträume als 20 Jahre zur Verfügung stehen. Derartig lange Zeiträume sind allerdings im Ruhrgebiet durchaus nicht ungewöhnlich, wie z.B. auch die Untersuchungsfläche Emil Emscher in Essen oder Südliches Habighorst zeigen.

Die Zwischennutzung von Brachen für den Biomasseanbau ist eine Option, die Potentiale für den Emscher Landschaftspark, gerade in der Verknüpfung von Siedlung und Freiraum, bietet. Sie zählt zu den Zukunftsaufgaben eines neuen Parkmanagements des Emscher Landschaftsparks, bei dem es v.a. auch aus ökonomischen Gründen darum gehen muss, nicht mehr nur Grünflächen zu pflegen ,sondern auch zu versuchen, Erträge z.B. aus der Biomassenutzung zu erzielen.

Autoren

Prof. Dr. Jörg Dettmar

Prof. Dr. Jörg Dettmar hat nach dem Studium der Landschaftsplanung und Landschaftsarchitektur mit Spezialisierung in der Stadtökologie in seiner Dissertation über die Flora und Vegetation von Industrieflächen im Ruhrgebiet geforscht. Nach verschiedenen Stationen in öffentlichen Verwaltungen in Niedersachsen und Hamburg arbeitete er von 1995 bis 2000 in der IBA Emscher Park verantwortlich am Emscher Landschaftspark. Seit 2001 vertritt er die Professur Entwerfen und Freiraumplanung am Fachbereich Architektur der TU Darmstadt. Seine Forschungsschwerpunkte liegen in den Bereichen Nachhaltige Entwicklung Urbaner Landschaften, der Energetischen Optimierung von Siedlungsstrukturen und der Unterhaltung urbaner Grünflächen.

Dipl.-Ing. Heinz-Jürgen Achterberg

Heinz-Jürgen Achterberg ist Diplom Ingenieur der Landschaftsplanung. Nach einer Ausbildung als Baumschulgärtner hat er sein Studium 1987 in Kassel begonnen. Nach dem Diplom 1993 war er in verschiedenen Büros als Landschaftsarchitektur tätig. 1998 beendete Herr Achterberg das Vertiefungsstudium mit der Ausrichtung Städtebau. Neben unterschiedlichen Lehraufträgen betreibt er seit 1997 mit seinen Partnern das Büro foundation 5+ landschaftsarchitekten.

Dipl.-Ing. Michael Herz

Michael Herz ist Landschaftsarchitekt und gelernter Gärtner und studierte von 1991 bis 2000 an der Universität Kassel Landschaftsplanung. Für die Universität Kassel hat er von 2002 bis 2012 verschiedene Lehraufträge absolviert. Von 2006 bis 2009 war Michael Herz als wissenschaftlicher Mitarbeiter an der TU Darmstadt, Fachgebiet Entwerfen und Freiraumplanung beschäftigt. Er betreibt außerdem seit 1997 mit seinen zwei Partnern Prof. Dr. Hans-Peter Rohler und Dipl. Ing. Heinz-Jürgen Achterberg das Planungsbüro foundation 5+ landschaftsarchitekten bdla.

Quellenverzeichnis

http://business.metropoleruhr.de/beratung-service/ruhragis-gewerbeflaechen-atlas.html, Zugriff 02.10.2014

www.konzept-ruhr.de/konzept-ruhr/wandel-als-chance.html, Zugriff 02.10.2014

www.lanuv.nrw.de/natur/lebensr/num_bewert.htm Zugriff 02.10.2014
http://www.refina-info.de/, Zugriff 02.10.2014

Abbildungsverzeichnis   Seite

59	Abb. Michael Herz, 2013
60	Abb. www.kularuhr.de, 2014
62	Abb. eigene Darstellung Abb. eigene Darstellung
63	Abb. eigene Darstellung
64	Abb. eigene Darstellung
65	Abb. eigene Darstellung
66	Abb. eigene Darstellung
67	Abb. eigene Darstellung
68	Abb. Universität Duisburg-Essen

Energieeffiziente Grünflächen und integrierte Freiflächenentwicklung
Ergebnisse aus dem Forschungsprojekt KuLaRuhr _ 04

04.3

_Jörg Dettmar | Hans-Peter Rohler
Martin Biedermann

Reintegration monofunktionaler Infrastrukturen in die urbane Kulturlandschaft

Die Rolle von Infrastrukturen im Kontext von Stadt und Landschaft ist in den letzten Jahren Gegenstand zahlreicher planerischer und wissenschaftlicher Untersuchungen gewesen. Dabei wurden vor allem folgende Aspekte bearbeitet:

- die städtebaulichen Konsequenzen von Infrastrukturprojekten (siehe u.a. Hauck & Kleinekort 2011)

- die Aufarbeitung der Entwicklungsgeschichte von Infrastrukturen (u.a. Reitsam 2009)

- die Nutzung der Resträume an den Infrastrukturen – im Sinne sozialer Praktiken (u.a. Malterre-Barthes 2011)

- die Gestaltung der Infrastrukturen als Ingenieurbauwerke und Architekturen, aber auch die Gestaltung der Nebenflächen – im Sinne einer Ästhetisierung (u.a. Shannon & Smets 2010)

- die Auseinandersetzung mit den umweltbezogenen und sozialen Folgen einer fortschreitenden Funktionalisierung von Infrastrukturen – insbesondere von Straßen (u.a. Koch & Carstean 2011)

- der Versuch einer Neubestimmung von Mobilität (Braum & Klauser 2013)

- die Erweiterung des „Infrastruktur-Begriffs" in Hinblick auf Naturausstattung, Leistungen des Naturhaushaltes bis hin zur Funktion städtischer Grünflächen als „Green Infrastructure" (siehe u.a. http://ec.europa.eu/environment/nature/ecosystems/index_en.html).

Bei vielen Arbeiten über Infrastrukturen wird eher theoretisch über Veränderungsmöglichkeiten im Sinne größerer Nachhaltigkeit, bei den architektonischen Ansätzen vor allem über ästhetische Verbesserungen nachgedacht. Der Ansatz dieses Forschungsprojektes ist es zunächst einmal, in der Metropole Ruhr die „Eigenlogiken" bestehender Infrastrukturen bzw. ihre Regelsysteme zu analysieren um auszuloten, welche Spielräume für eine andere Nutzung, Unterhaltung und Gestaltung der zugehörigen Rest- und Randflächen bestehen. Dies knüpft an praktische Erfahrungen bei einigen Infrastrukturprojekten im Ruhrgebiet an, wo es gelang auf diese Art und Weise erhebliche Verbesserungen im Sinne einer Integration in die Stadtlandschaft zu erreichen (siehe unten).

Infrastrukturlandschaft Metropole Ruhr

Ausschnitt der Infrastrukturlandschaft im westlichen Ruhrgebiet. Nimmt man die vorhandenen Freiflächen im Abstand von 50 m zu den Infrastrukturtrassen, ergibt allein in dem dargestellten Kartenausschnitt die Infrastrukturlandschaft ein zusammenhängendes Netz von knapp 2.850 ha, wovon gut 465 ha gleichzeitig mehreren Infrastrukturen zuzuordnen sind.

Aktuell werden knapp 175 km² innerhalb der Metropole Ruhr (4.436 km²) von unterschiedlichen Infrastrukturen belegt. 9.250 ha davon bestehen aus dem dazu gehörigen Begleitgrün. Dabei ist bemerkenswert, dass der weit überwiegende Teil dieser Trassen durch die Regionalen Grünzüge des Emscher Landschaftsparks (ELP – 458 km²) verläuft. Liegt der Anteil, der von Infrastrukturen bestimmten Flächen in der Gebietskulisse der Metropole Ruhr bei gut 4%, so vergrößert sich dies in der Gebietskulisse des ELP auf fast 12%. Dies wird erklärbar, wenn man sich vergegenwärtigt, dass die regionalen Grünzüge vor allem an den Stadträndern innerhalb der Agglomeration verlaufen. Es sind die „Resträume" zwischen den Siedlungskörpern, die die Nutzungen aufnehmen, die man innerhalb der Städte nicht haben wollte. Hochspannungstrassen, Autobahnen, Bahntrassen, Schifffahrts-Kanäle, Vorfluter, Halden, Müllverbrennungsanlagen, Deponien etc. konzentrieren sich hier. Sie bilden anhand ihrer Spezifika teilweise einen eigenen „Landschaftstypus" – die „Infrastrukturlandschaft" – als Spezifikum des ELPs aus.

Die verschiedenen Infrastrukturtrassen laufen oft parallel, so dass sich die verschiedenen grünen Begleitflächen überlagern, aneinandergrenzen oder sich bandartige Resträume zwischen den einzelnen Trassen ergeben. Hinzu kommt, dass die Verkehrsinfrastrukturen die Wahrnehmung der Region – gewissermaßen als „Leseanleitung des Raums" – vordefinieren. Insbesondere die Ebene der Region wird über die großen Straßen erfahrbar und wahrgenommen. Diese Fakten verdeutlichen die besondere Relevanz der „Infrastrukturlandschaft" für die Entwicklung des ELPs und der Metropole Ruhr.

Mit der Zunahme der Leistungsfähigkeit der verschiedenen Infrastrukturtrassen wurden diese immer monofunktionaler. Damit einher gingen zunehmende Barrierewirkungen und Umweltbelastungen, die die anderen Nutzungen des Stadtraums nachhaltig negativ beeinflussen. Gleichzeitig haben sich aber gewissermaßen „parasitär" einzelne Nutzer(gruppen) vorhandene wenn auch nicht beabsichtigte „Nebenbei-Qualitäten" der Restflächen solcher Infrastrukturtrassen zunutze gemacht. Dies wird von den unterschiedlichen Baulastträgern vielfach geduldet und erhält in Einzelfällen sogar eine offizielle Genehmigung. Im Rahmen dieses Forschungsprojektes wurden ausgehend von sozialen Praktiken und ökologischen Zusammenhängen sowie planerischen Problemstellungen und Aufgaben die Möglichkeiten einer stärkeren funktionalen Reintegration in den Emscher Landschaftspark untersucht. Dies geschah auf der Basis einer Analyse der verschiedenen gesetzlichen Bestimmungen und Regelwerke der Infrastrukturträger.

Zukunftsfragen

Zentrale Zukunftsfragen in diesem Kontext waren:
- Welche Spielräume ergeben sich im Rahmen der Unterhaltung der verschiedenen Infrastrukturen, um diese besser in die urbane Kulturlandschaft des ELPs zu integrieren?

- Auf welchen Ebenen kann eine Reintegration von Infrastrukturen / -trassen in die urbane Kulturlandschaft des ELPs erfolgen?

- Welche zusätzlichen Nutzungen erlauben die unterschiedlichen Infrastrukturarten, welche räumlichen Möglichkeiten bieten sie?

- Welche räumlichen, funktionalen, ökologischen, sozialen und gestalterischen Ansprüche hat die Nutzung des angrenzenden Raumes und wie und wo können diese mit den verschiedenen Infrastrukturen in Einklang gebracht werden?

- Wie können die ohnehin notwendigen Investitionen in die verschiedenen Infrastrukturen so erfolgen, dass sie auch für die Entwicklung der urbanen Kulturlandschaft des ELPs sinnvoll sind?

Im Forschungsverlauf zeigte sich schnell, dass bei der Beantwortung dieser Fragen fachspezifische Denkweisen allein nicht weiter helfen, sondern integrierende Lösungsansätze gefordert sind. Es ist notwendig, die zunächst widersprüchlich erscheinenden Interessen der Baulastträger und Erfordernisse, die aus den Infrastrukturen erwachsen, geschickt zusammenzuführen. Dass hierin strategisch nutzbare Potenziale für die Region liegen, zeigen die Konzepte zur B1 / A40 – „Schönheit der großen Straße" (siehe u.a. http://www.urbanekuenste-ruhr.de/de/projekte/b1|a40.57/), der Parkautobahn A42 (www.parkautobahn.de) oder der Emscherkunst (www.emscherkunst.de), die vor allem im Kontext der Europäischen Kulturhauptstadt RUHR.2010 entstanden sind.

Restriktionen / Gesetzliche Bestimmungen

Bahn	Autobahn

• Das ‚Bundesimmissionsschutzgesetz' (BImSchG) und die ‚Bundesimmissionsschutzverordnung' (BImSchV) regeln zusammen die Zulässigkeit von Bahntrassen und die zum Schutz angrenzender Nutzungen erforderlichen Maßnahmen, z. B. LSW.
 	
• Das ‚Eisenbahnkreuzungsgesetz' (EBKrG) definiert die Mindestanforderungen neuer Kreuzungen von Gleisanlagen und regelt deren Finanzierung.
 	
• Die ‚Eisenbahnordnung' (EBO) stellt das Regelwerk für den Betrieb von Eisenbahnen dar. Es definiert u. a. auch die Querungsmöglichkeiten an bestehenden Bahntrassen oder auch das Betretungsverbot von Gleisanlagen.
 	
• Die ‚Konzernrichtlinie Landschaftspflegerische Maßnahmen' (RL 882) definiert den Umgang mit der trassenbegleitenden Vegetation und macht Vorschläge zur Bepflanzung und Pflege von Vegetationsbeständen.
	• Das ‚Bundesimmissionsschutzgesetz' (BImSchG) / ‚Bundesimmissionsschutzverordnung' (BImSchV) siehe Bahn
	
	• Das ‚Bundesfernstraßengesetz' (BFStrG) regelt u. a. die Nutzungsmöglichkeiten der Randbereiche von Bundesfernstraßen über eine Anbauverbotszone (40 m vom Fahrbahnrand) und eine Anbaubeschränkungszone (100 m vom Fahrbahnrand). Bauliche Nutzungen sind in Ausnahmefällen möglich (Beurteilung der Örtlichkeit nach § 34 BauGB). Maßnahmen der Straßenbauverwaltung sind vom Anbauverbot ausgenommen. Innerhalb der Anbauverbots-/-beschränkungszonen sind Vorhaben unzulässig, wenn sie den Verkehrsteilnehmer ablenken können oder einem weiteren Ausbau der Autobahn entgegenstehen. Darüber hinaus wird im BFStrG geregelt, dass
	  - die Nutzung dem Autoverkehr vorbehalten ist,
	  - ein Betretungs-/Befahrungsverbot besteht (Mindestgeschw. 60 km/h),
	  - die Zu- und Abfahrt nur an Anschlussstellen möglich ist,
	  - die Sicherheit des Verkehrs und die Leistungsfähigkeit der Straße oberste Priorität haben.
	
	• Die ‚Richtlinie für die Anlage von Autobahnen/Landstraßen' (RAA/RAL) definiert die Ausbauprofile von Fernstraßen sowie Leitbilder für die Ausgestaltung der Trassen und Randbereiche.
	
	• Die ‚Empfehlung für Rastanlagen an Straßen' (ERS) regelt die Gestaltung von Rastanlagen und definiert die Sollabstände zwischen Rastanlagen. Rastanlagen und Parkplätze sind dem Fernverkehr vorbehalten.
	
	• Die ‚Richtlinien für passiven Schutz an Straßen durch Fahrzeugrückhaltesysteme' (RPS) definiert, welche Rückhaltesysteme in welchen Situationen eingesetzt werden.
	
	• Die ‚Richtlinien für die Anlage von Straßen, Landschaftspflegerischer Teil' (RAS LP) regeln die landschaftsgerechte Einpassung neuer Trassen. Bei Neubauprojekten spielen die Aspekte der Umweltverträglichkeit und des Naturschutzes bei der Trassenfindung und Umsetzung eine zentrale Rolle.
	
	• Die ‚Zusätzliche Technische Vertragsbedingungen und Richtlinien für die Ausführung von Lärmschutzwänden an Straßen' (ZTV-LSW 06) definieren den technischen Rahmen zur Planung und Errichtung von Lärmschutzwänden und geben so indirekt die Gestaltungsmöglichkeiten vor.
	
	• Die ‚Empfehlungen für Anlagen des ruhenden Verkehrs' (EAR) beschreiben die Anlage von Mitfahrerparkplätzen und deren Einfügung in die Umgebung.
	
	• Die ‚Richtlinien zur Werbung an (Bundes-)Autobahnen aus straßenverkehrs- und straßenrechtlicher Sicht' definieren, wie und wo Werbung an Autobahnen platziert werden darf. Werbung ist nur am Ort der Leistung zulässig.
	
	• Die ‚Empfehlung zum Schutz vor Unfällen mit Aufprall auf Bäume, 2006' (ESAB 2006) bestimmt die Abstände von Baumpflanzungen zur Straße (4,5 m) und legt bei Abständen darunter entsprechende Schutzmaßnahmen fest.
	
	• Das ‚Merkblatt für den Straßenbetriebsdienst, Teil Grünpflege' (FGSV) definiert, intensiv und extensiv zu pflegende Bereiche mit dem Ziel einer angemessenen und kostengünstigen Pflege.

Institutionelle Bedingungen

Bahn	Autobahn
• Die Unterhaltung der Bahntrassen erfolgt durch die ‚DB Fahrwegdienste', der Neubau von Trassen durch die ‚DB Netze'. • Die Serviceleiter der Fahrwegdienste begehen und kontrollieren die Strecken im jährlichen Turnus, um erforderliche Pflegemaßnahmen festzuhalten und zur Kontrolle fremder Nutzungen/ Aneignungen. • Toleranz der Bahn gegenüber Aneignung der Nebenflächen im Rahmen von Einzelfallentscheidungen. • Die Serviceleiter erarbeiten Pflegepläne für die regelmäßigen Unterhaltungsmaßnahmen. Diese dienen neben der Planung der durchzuführenden Maßnahmen vor allem der Kommunikation mit den Anrainerkommunen.	• Den operativen Arm der Straßenbauverwaltung bilden die Straßenmeistereien. Sie betreuen in ihrem Zuständigkeitsbereich die Trassen sowie deren Nebenflächen und kontrollieren die Anbauverbots- und Anbaubeschränkungszone. • Entscheidungen über die Zulässigkeit von Vorhaben/Nutzungen innerhalb der Anbauverbots-/-beschränkungszonen werden intern getroffen und nicht öffentlich thematisiert. Die Durchführbarkeit von Unterhaltungsarbeiten muss dabei gewährleistet bleiben. • Ermessensspielräume bei Entscheidungen werden von den Regionalniederlassungen definiert oder zumindest beeinflusst. • Der Bedarf von Rastanlagen und Parkplätzen wird durch das Bundesverkehrsministerium festgestellt. Die Straßenbauverwaltung setzt diese Ansprüche als ausführendes Organ dann baulich um. Enteignungen sind hierfür nicht möglich, da sie Teil des Bundesverkehrswegeplans sind.

Kanal	Vorflut	Stromtrassen
• Das ‚Wasserstraßengesetz' (WaStrG) regelt die Nutzungsmöglichkeiten von Wasserstraßen und stellt Regeln für die Unterhaltung der Uferbereiche auf. In erster Linie dienen die Wasserstraßen dem allgemeinen Schifffahrtsverkehr – die Schiffbarkeit der Wasserstraße muss gewährleistet sein. Anderweitige Nutzungen des Kanals oder der angrenzenden Flächen dürfen den Schiffsverkehr nicht beeinträchtigen oder die Unterhaltungsarbeiten erschweren/verhindern. Hieraus wird ein grundsätzliches Badeverbot abgeleitet. Den Belangen der Funktion und der Verkehrssicherheit nachgeordnet, werden ökologische Aspekte im Rahmen der Unterhaltung der Gewässer berücksichtigt.	• Die ‚Wasserrahmenrichtlinie der EU' (EU-WRRL) definiert die Zielzustände von Gewässern hinsichtlich Ökologie und chemischem Zustand • Das ‚Wasserhaushaltsgesetz' (WHG) definiert Gewässer in räumlicher Hinsicht und legt Bewirtschaftungsziele fest. Bei erheblich veränderten Gewässern wie dem Emschersystem bedeutet das, ein gutes ökologisches Potential und einen guten chemischen Zustand. Darüber hinaus finden sich Regelungen zum Hochwasserschutz und den damit verbundenen Bauwerken (Unterhaltung/Nutzung). • Das ‚Landeswassergesetz' (LWG) konkretisiert die Aussagen der ‚Wasserrahmenrichtlinie der EU' und die Regelungen des ‚Wasserhaushaltsgesetz' auf Länderebene.	• Das ‚Bundesimmissionsschutzgesetz' (BImSchG) / ‚Bundesimmissionsschutzverordnung' (BImSchV) regeln zusammen die Zulässigkeit von Stromtrassen und die zum Schutz angrenzender Nutzung erforderlichen Maßnahmen, z. B. auch Nutzungsbeschränkungen für die von Leitungen überspannten Flächen. • Die ‚Normen des Verbandes Elektrotechnik, Elektronik und Informatik' (DIN VDE 0105-100) bestimmen die Schutzabstände zu Leitungen, um elektrische Überschläge auf Personen und Gegenstände zu verhindern.
• Man kann sich vorstellen, die Freiraumqualitäten entlang des Kanals intensiver zu nutzen, ist aber nicht bereit, hier auch in die Finanzierung und Unterhaltung einzusteigen, diese müsste von außen (z. B. RVR oder Kommunen) übernommen werden.	• Seitens der Emschergenossenschaft werden für die umgebauten Gewässer Pflege und Entwicklungspläne aufgestellt. Diese übersetzen die gesetzlichen Auflagen auf Ebene der Maßnahmen. Die Pläne werden für das jeweilige Gewässer aufgestellt. • Die für Verkehrssicherheit zuständigen Personen entscheiden anhand der möglichen Gefährdungspotentiale (Hydraulik, Gewässergüte, Absturzgefahr, Spundwände, Gefahrenbereiche über Einleitungen etc.) inwieweit das Gewässer geöffnet und erlebbar gemacht werden kann. • Die Unterhaltung des Gewässers muss bei allen Maßnahmen gewährleistet bleiben (Brücken und Leitungen müssen frei sein).	

Tabellarische Übersicht zu Restriktionen, und Bedingungen der verschiedenen Infrastrukturträger

Institutionelle Interessen und Ziele

Bahn	Autobahn
• Die Sicherheit des Verkehrs und die Leistungsfähigkeit der Trassen haben Vorrang vor anderen Zielen. • Die Bahn versucht ihre Brachflächen neuen Nutzungen zuzuführen oder diese Flächen anderweitig in Wert zu setzen. • Bahneigene Kleingartenanlagen haben bei der Eisenbahn eine große Tradition und sind ein sozialer Bonus für die eigenen Angestellten. • In der Pflegepraxis wird versucht, Rücksicht auf gewachsene Strukturen zu nehmen. Die Betriebssicherheit darf nicht eingeschränkt werden. Gleichzeitig soll die bestehende Gestaltung erhalten/weiterentwickelt werden, auch wenn dies den Sicherheitsbereich betrifft. • In den städtischen Bereichen werden weniger Eingriffe in das „Grün" vorgenommen. Es soll die „grüne Qualität" für die Anwohner erhalten bleiben. Dabei wird, soweit möglich, auf die Wünsche der Anwohner eingegangen, weil die Bahn zu Pflege der Trassen -vor allem in städtischen Bereichen – Privatgrundstücke betreten/queren muss. • Zu pflegende Flächen werden in Grundzustand überführt, der eine permanente Pflege ermöglicht. Das Thema Kulturlandschaft oder Sichtverbindungen spielt in der Konzeption der Pflege keine Rolle. • Es gibt erste Überlegungen, Brachflächen als Kompensationsflächen für Eingriffs-/Ausgleichsregelung Dritter anzubieten. • Die Bahn toleriert Aneignungen der Nebenflächen im Rahmen von Einzelfallentscheidungen.	• Sofern die Aneignungen nicht den Aufgaben/Interessen der Straßenbauverwaltung entgegenstehen, besitzt Straßen.NRW eine gewisse Toleranz gegenüber Aneignungen ihrer Flächen, um das Verhältnis zur Bevölkerung zu verbessern. • Es gibt eine neue Sicht auf die Bedeutung des Begleitgrüns für das Thema Verkehrssicherheit, das Paradigma der „abwechslungsreichen Straßen". • Um den Unterhaltungsaufwand zu reduzieren, ist man bestrebt, die Wiesenbereiche im Begleitgrün zugunsten vorhandener Gehölzbestände auszudehnen. • Man sieht sich nicht in der Rolle desjenigen, der definiert, was möglich wäre, sondern nimmt eine distanzierte Haltung ein, die auf Anforderungen von außen (z. B. Kommunen) reagiert.

Strukturelle Bedingungen / Gegebenheiten

Bahn	Autobahn
• Brachfallen (auch temporär) von Strecken und Nebenanlagen (-> ähnliche Resträume wie an der Straße), häufig topgrafische Sondersituationen, Querungen nur an BÜ und Brücken. • Bei Neubauten wird die Trassenfläche so schmal wie möglich gehalten, um wenig neue Flächen dazukaufen zu müssen. Nicht benötigte Flächen werden nach dem Bau, so weit möglich, direkt wieder verkauft. In der Folge beträgt der Abstand zwischen Gleis und angrenzendem Grundstück im Ruhrgebiet nicht mehr als 10 m. • Der seitliche Sicherheitsbereich beträgt 8,5 m. • Um den Unterhaltungsaufwand zu reduzieren, ist man bestrebt, die Wiesenbereiche im Begleitgrün zugunsten vorhandener Gehölzbestände auszudehnen. • Die Perspektive der Zugfahrenden unterscheidet sich anhand des Blickwinkels und der Blickrichtung gegenüber der Straße. Das weitere Umfeld wird eher wahrgenommen. • Man muss sich nicht auf den Verkehr konzentrieren, sondern kann nach Belieben den Raum, durch den man sich bewegt, wahrnehmen.	• Linienführungen und vor allem Anschlussstellen schaffen Resträume (vielfach unkontrolliert), häufig topografische Sondersituationen, Lärm- und Schadstoffemissionen. • Linienführungen, Geschwindigkeitsbegrenzungen und Schutzeinrichtungen werden nach dem Prinzip der „selbst verzeihenden" Straße geplant und umgesetzt. • Die Wahrnehmung der Region wird über das, was wir aus dem Auto heraus sehen, zu wesentlichen Teilen mitbestimmt. Geschwindigkeit und Perspektive der Autofahrenden erlauben dabei, den Raum in seiner regionalen Dimension zu erfahren. • Barrierewirkung für Menschen und Tiere • Erhebliche Schadgas- und Lärmemissionen

Energieeffiziente Grünflächen und integrierte Freiflächenentwicklung
Ergebnisse aus dem Forschungsprojekt KuLaRuhr _ 04

Kanal	Vorflut	Stromtrassen
• Baden wird, weil es nicht kontrollierbar ist, toleriert. Darüber hinaus gibt es eine große Toleranz gegenüber Nutzungen von Nebenflächen, solange der Schiffsverkehr nicht beeinträchtigt wird. • Badebereiche werden nicht angelegt und die Wasserqualität nicht überwacht. • „Inoffizielle" Badebuchten und Veränderungen in den Steinschüttungen werden im Rahmen der Unterhaltung entfernt und repariert, Badeschiffe wären aber vorstellbar.	• Umbau und teilweise Öffnung der Gewässer, Hochwasserschutz hat in der Unterhaltung und Ufergestaltung Vorrang, Verkehrssicherung hat hohen Einfluss auf die Gestaltung und Nutzung der Nebenflächen. • Neben der ökologischen Aufwertung der Gewässer, sollen diese auch geöffnet werden. Wo möglich, sollen die Profile aufgeweitet und abgeflacht werden. Bestehende Einzäunungen sollen streckenweise entfernt und die Emscher erlebbar gemacht werden. • Die Gewässersohlen können aus hydraulischen Gründen in ihrer Höhenlage i. d. R. kaum verändert werden. • In vielen Bereichen verhindern Altlasten einen ggf. wünschenswerten, weitreichenden Rückbau der vorhandenen Deiche, weil die Kosten der Altlastenbeseitigung zu hoch wären. • Gewässer inklusive der notwendigen Bauwerke sollen als eigene Bestandteile der Landschaft erkennbar sein.	• Vegetationskonzept zur Bewirtschaftung von Stromtrassen (Grundlage für die Unterhaltung der Schutzbereiche unter und an den Trassen und Freileitungen). Niedrig wachsende Vegetation wird durch regelmäßige Eingriffe gefördert. • Eingriffe in Nutzung unterhalb der Trasse erfolgen nur, wenn Schutzabstände unterschritten werden, Vegetationskonzept für Flächen unterhalb der Trassen. • Sukzessive wird ein Biotopmanagement im Bereich der Leitungstrassen eingeführt, um die Vegetationsentwicklung zu steuern und die Unterhaltungskosten zu senken. Gleichzeitig sollen so die vorhandenen ökologischen Potentiale genutzt werden.
• Technische Ufergestaltung, „kalkulierbarer" Verkehr. • Solange der Schifffahrtsverkehr und die Unterhaltung des Kanals gesichert sind, hat das WSA eine hohe Toleranz gegenüber anderen Nutzungen/Nutzern. • Im Gegensatz zu den anderen Infrastrukturtrassen sucht man diesen Ort in seiner Freizeit auf, sei es zum Schiffebeobachten, zum Spazierengehen, Radfahren, Rudern oder Angeln um verbotenerweise doch zu baden. Damit bilden die Kanäle – verglichen mit Autobahnen und Bahntrassen – einen „langsamen" Raum, in dem der Stadtlandschaft des Ruhrgebietes auf anderer Weise begegnen kann. • Freiraumpotentiale im Begleitgrün des Kanals können intensiver genutzt werden. Entscheidend ist, dass die Finanzierung und Unterhaltung entsprechender Maßnahmen von anderer Stelle z. B. Kommunen oder RVR übernommen wird. • Ruderer können den Kanal offiziell nutzen.	• Emschergenossenschaft und Lippverband unterhalten aktuell noch 244 km offene Schmutzwasserläufe. Die Unterhaltung richtet sich hier nach den Erfordernissen der Ableitung des Wassers und dem Hochwasserschutz. • Geruchs-Emission • Gewässerlauf überwiegend eingezäunt • Steile Betonprofile bilden das Gewässerbett. • Umfangreiche Deichanlagen begleiten die Emscher. • Das Schmutzwasser wird künftig unterirdisch geführt und die Vorfluter werden – soweit möglich – zu Gewässern mit einem guten ökologischen Potential entwickelt. • Die vorhandenen topografischen Bedingungen und der zur Verfügung stehende Raum begrenzen zusammen mit dem Hochwasserschutz die Entwicklungsmöglichkeiten der umzubauenden Gewässer. • Der Umbau des Emschersystems beinhaltet die größten und weitreichenden Potentiale zur Integration einer Infrastruktur in der Metropole Ruhr.	• Die Betreiber der Hochspannungstrassen sind i. d. R. nur Eigentümer der Maststandorte. Für die von den Leitungen überspannten Flächen gelten zwar die entsprechenden Nutzungsbeschränkungen, die aktive Gestaltung und die Nutzungsrechte der Flächen liegen aber bei den jeweiligen Eigentümern. • häufig Bündelung mit anderen Infrastrukturen • optisch herausragende „Bauwerke" • schlechtes Image, Emission von Magnet- und NF-Strahlung • Hochspannungstrassen werden bislang kaum bzw. nicht als baukulturelle Bestandteile der Landschaft gesehen und verstanden. Vor dem Hintergrund der Energiewende wird dieses Thema an Bedeutung gewinnen.

Tabellarische Übersicht zu Zielen und strukturellen Bedingungen der verschiedenen Infrastrukturträger

Infrastrukturen mit ihren Spezifika

Infrastrukturen und deren jeweilige Baulastträger unterliegen einer Reihe von mehr oder weniger komplexen Anforderungen aus

- gesetzlichen Bestimmungen und Restriktionen,
- institutionell bestimmten Bedingungen wie z.B. ihren Organisationsstrukturen,
- institutionell definierten Zielsetzungen sowie
- strukturellen Gegebenheiten aufgrund technischer und räumlich determinierter Faktoren.

Dabei genießen bei allen Infrastrukturträgern die jeweiligen Kernaufgaben oberste Priorität. Die Abwicklung eines möglichst störungsfreien und sicheren Verkehrs auf Straße, Schiene und Kanal, die hochwassersichere Ableitung der Vorflut und die Gewährleistung der Stromversorgung bestimmen Zielsetzungen und Handlungsweisen der verschiedenen Baulastträger. Gleichzeitig haben die verschiedenen Infrastrukturen – mit Ausnahme des Rhein-Herne Kanals – Imageprobleme. Insbesondere Autobahnen und Hochspannungstrassen werden von der Bevölkerung als störende Elemente und Belastung wahrgenommen. So ist es nicht verwunderlich, dass die verschiedenen Infrastrukturträger ein Interesse daran haben, positiv bzw. positiver in der Öffentlichkeit wahrgenommen zu werden. Die durchaus vorhandenen Handlungsspielräume bei der Unterhaltung der Rand- und Nebenflächen oder der Duldung von deren Aneignung werden in der Regel genutzt. Gleichzeitig kommen diese sehr niedrigschwelligen „Angebote" ohne komplizierte formale Regelungen aus. Voraussetzung ist die individuelle Initiative der Nutzer oder anderer Akteure, wie z.B. der Kulturhauptstadt Ruhr.2010.

Alle im Rahmen des Projektes befragten Infrastrukturträger machen klar, dass sie keine zusätzlichen finanziellen Mittel zur Integration ihrer Trassen in die Kulturlandschaft aufbringen können. Diese sind aufgrund der gesetzlich definierten Aufgabe und/ oder den institutionellen Zielen inhaltlich gebunden und lassen nur insoweit Spielräume zu, wenn die Maßnahmen gleichzeitig die Interessen der Baulastträger bedienen. Das sind z.B. Erleichterungen in der Unterhaltung durch offener gestaltete Begleitgrünflächen, die gleichzeitig die Orientierung im Raum und die visuelle Verknüpfung von Infrastrukturtrasse und Umgebung zulassen.

Aus den verschiedenen gesetzlichen, institutionellen und räumlichen Bedingungen der verschiedenen Infrastrukturen haben sich jeweils eigene, die unterschiedlichen Infrastruktursysteme bestimmende „Logiken" entwickelt, die man – will man die Möglichkeiten der Integration dieser Systeme in die urbane

Zusammenführung der unterschiedlichen Infrastruktur - Logiken mit dem Emscher Landschaftspark

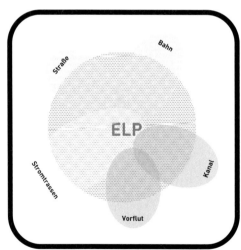

Kulturlandschaft ausloten – kennen und verstehen muss. Diese stehen zunächst jeweils für sich alleine und definieren die Handlungsfelder und Spielräume der einzelnen Baulastträger. Für die Umsetzung der jeweiligen Aufgaben und Ziele bedürfen sie nicht des Blickes über den Tellerrand. Eine systematische und parallele Betrachtung dieser „Eigenlogiken" eröffnet dagegen die Möglichkeit diese konzeptionell weiterzudenken. Falls möglich und sinnvoll, können sie dann untereinander oder mit anderen Systemen und Interessen verknüpft werden. So könnte man in den Bereichen, wo sich die Begleitflächen der Infrastrukturtrassen überlagern, z.B. die Pflegearbeiten so durchführen, dass alle Beteiligten nachhaltig davon profitieren.

Mögliche Ebenen der Reintegration

Aus Sicht der Entwicklung urbaner Kulturlandschaften erscheinen fünf Themenfelder besonders relevant, weil sie die Reintegration der unterschiedlichen Trassen in die urbane Kulturlandschaft initialisieren und forcieren können:

- Aufenthalt und Aneignung,
- Bewirtschaftung und Management,
- Orientierung,
- Ökologie,
- Einbindung und Vernetzung.

Aufenthalt und Aneignung

Hier ist es wichtig, die begleitenden Neben- und Restflächen der Trassen in Bezug auf ihre „Freizeit-Qualitäten" zu betrachten. Lernen kann man hier von bereits gelebten sozialen Praktiken, die diesen Resträumen (wenn auch individualisierte) neue Funktionen und Bedeutungen geben und sie damit aus ihrer Monofunktionalität herauslösen. Unter der Überschrift „Aufenthalt und Aneignung" geht es also darum zu verstehen, welche Faktoren dazu führen, dass infrastrukturbegleitende Flächen angeeignet und neu interpretiert werden. Hierzu müssen keine neuen funktionalen Angebote entlang der Trassen erfunden und gebaut werden. Vielmehr geht es um einfache räumliche Qualitäten wie die Erreichbarkeit und die außergewöhnlichen infrastrukturbedingten Handlungsspielräume, die sich vorallem auch aus einem gewissen Maß an fehlender sozialer Kontrolle ergeben.

Modellauto - Fans im Begleitgrün der A 42

Bewirtschaftung und Management

Zentrale Aufgabe der Baulastträger der Infrastrukturen ist die Unterhaltung der Trassen und des Begleitgrüns. In der Regel geht es um eine möglichst kostengünstige und nachhaltige Freihaltung der erforderlichen Lichtraumprofile. Daneben beinhalten die verschiedenen Trassen und Nebenanlagen durchaus auch Potenziale für wirtschaftlich rentable Nutzungen der Flächen. Der kommerzielle Betrieb eines Badeschiffes in einem stillgelegten Hafen des Rhein-Herne Kanals ist vorstellbar. Genauso erscheint die Direktvermarktung regionaler Erzeugnisse an Umsteigepunkten (z.B. Parkplätzen) zwischen Autobahn und lokalem Wegenetz im Emscher Landschaftspark möglich. So könnten bislang lediglich Kosten produzierende Flächen durchaus gewinnbringend vermarktet werden. Es geht darum, Ideen zu entwickeln, wie die Unterhaltung als Instrument einer Reintegration der verschiedenen Trassen genutzt werden kann und sich im Rahmen zusätzlicher Nutzungsangebote wirtschaftlich tragfähige Nutzungen etablieren lassen.

Orientierung

Die Grundfigur des ELPs, die sich aus sieben Nord-Süd-Grünzügen (A-G) und dem Neuen Emschertal zusammensetzt, ist aufgrund der riesigen Gesamtdimension vor Ort nicht ohne Weiteres wahrnehmbar. Ebenso wenig ist für die meisten Bürger klar, ob sie sich nun im ELP befinden oder außerhalb. Durch die Lage der Infrastrukturen in den Grünzügen des Emscher Landschaftsparks ergibt sich die Möglichkeit, die Trassen dazu zu nutzen, die Orientierung im ELP zu verbessern. Dazu wäre denkbar, Leistrukturen entlang der Trassen herauszuarbeiten oder aber auch Elemente der Infrastrukturen als Merkzeichen zu entwickeln, die im Kontext des ELP besondere Orte und Situationen wiedererkennbar markieren

Arten- und Biotopschutz/ Biodiversität

Die industrielle Überformung des Ruhrgebietes hat auch in Bezug auf das Arten- und Biotopinventar zu eigenen Lebensgemeinschaften auf industriebedingten Standorten – oder populär formuliert zu einer „Industrienatur" – geführt (siehe Dettmar 1992, Dettmar 1999). Eine große Anzahl von diesen Sonderstandorten findet sich auf Infrastrukturflächen insbesondere Bahnanlagen. Dies hängt mit der räumlichen Nähe bzw. der funktionalen Verknüpfung mit Industrieflächen zusammen. Insbesondere Bahntrassen, aber auch Straßen haben das Potenzial, bestimmten Arten dieser „Industrienatur" als Ausbreitungskorridore zu dienen (siehe Dettmar 1992). Will man aus Arten- und Biotopschutzgründen bestimmte Arten fördern, sind sie in Bezug auf ihren Mobilitätscharakter zu bewerten um die Maßnahmen im Begleitgrün bzw. in oder an Gewässern hierauf abzustimmen. Beachtet werden muss dabei allerdings, dass es sich bei vielen dieser Arten um Neophyten handelt, deren Ausbreitung nicht zusätzlich gefördert werden sollte.

Einbindung und Vernetzung

Mit Ausnahme der Hochspannungstrassen verbinden die hier behandelten Infrastrukturen nicht nur Ziele im Raum, sie bilden auch mehr oder weniger schlecht zu überwindende Barrieren. Brücken oder Unterführungen sind von hohen Investitionen abhängig und müssen dauerhaft unterhalten werden. Ihre Position kann nur aus den Anforderungen des umgebenden Raums abgeleitet werden. Gleichzeitig fehlen vielfach angemessene Verknüpfungen zwischen den unterschiedlichen Systemen.

Hier können die Trassenebenflächen einen wichtigen Beitrag liefern. Als zusammenhängendes lineares System können sie Lücken zwischen Wegesystemen schließen und abgehängte/isolierte Quartiere einbinden.

Perspektiven und Strategien

Begreift man die von Infrastruktur bestimmten Flächen als einen eigenständigen, wichtigen Bestandteil des Emscher Landschaftsparks, eröffnen sich neue Entwicklungsperspektiven für den Regionalpark und die Region. Mit dem Zusammendenken dieser Räume eröffnen sich funktionale, gestalterische, soziale und ökologische Optionen, die dann nicht mehr nur das Ergebnis individueller Interessen oder zufälliger räumlicher Konstellationen sind, sondern einen (Landschafts-)Raum bilden, in dem die oben genannten Qualitäten kultiviert und für die Menschen in der Region und auch Touristen erschlossen sind. Der Weg zur kreativen Erschließung dieser „Infrastrukturlandschaft" kann nicht von oben verordnet werden. Vielmehr bedarf es einer intensiv geführten und nachhaltigen Diskussion zwischen Infrastrukturträgern und der regionalen und kommunalen (Freiraum-)Planung. Vergleichsweise unkompliziert realisierbar ist zunächst die temporäre Bespielung ausgewählter Flächen. Wie das gehen könnte, zeigen zwei studentische Arbeiten, die im Rahmen dieses Forschungsprojektes in einer transdisziplinär besetzten Summerschool im August 2013 entstanden sind. Beide Arbeiten setzen auf neue ergänzende Interpretations- und Nutzungsmöglichkeiten infrastrukturbestimmter Flächen. So lassen sich diese Räume für die Menschen erschließen, ihre Qualitäten sichtbar machen und neue Spielräume eröffnen.

Die Arbeit „Infrastrukturpark Ruhr" setzt auf eine temporäre Bespielung von Infrastrukturen und deren Nebenflächen.

„Infrastrukturpark Ruhr"
- Revierpioniere

Energieeffiziente Grünflächen und integrierte Freiflächenentwicklung
Ergebnisse aus dem Forschungsprojekt KuLaRuhr _ 04

Der Beitrag „Emscher erleben" entwickelt ein Regelwerk von infrastrukturflächenbezogenen Verhaltensoptionen, die auf die besonderen Möglichkeiten dieser Räume aufmerksam machen und diese mit dem ELP verbinden.

Freiheitsregeln

1) Am Rhein-Herne-Kanal ist es in öffentlichen Bereichen erlaubt auf dem Begleitgrün zwischen den Spundwänden des Wassers und den angrenzenden Fußwegen zu grillen und Feuer zu machen.
2) Während Zusammenkünften direkt unter Autobahnbrückenanlagen darf Musik mit einer maximalen Lautstärke von 80 dBA gehört werden.
3) Auf den Liegenschaften der Emscher darf außerhalb der von Wasserwirtschaft in Anspruch genommenen Flächen campiert werden.
4) An Brückenpfeilern von Autobahn- und Bahnbrücken und an den fahrbahnabgewandten Seiten der fahrtrassebegleitenden Lärmschutzwände ist das Besprühen mit Graffiti erlaubt.
5) Das Betreten des Rhein-Herne-Kanals und der renaturierten Emscher wird geduldet, wenn dadurch der Schiffverkehr und die Fahrwege nicht beeinträchtigt werden. Des Weiteren wird das Springen von Brücken in den Kanal geduldet, wenn sich vorher vergewissert wurde, dass zu diesem Zeitpunkt kein Schiff das Wasser durchfährt.
6) Auf den Flächen innerhalb des Sicherheitsabstandes von 8,50 Meter neben der Bahntrasse dürfen die Flächen betreten, genutzt und bepflanzt werden. Dabei ist stets auf die persönliche Sicherheit zu achten.
7) Außerdem dürfen stillgelegte Bahntrassen betreten werden sowie ungenutzte Gebäude auf dem Gelände der Bahn genutzt werden, solange auch auf die Instandhaltung geachtet wird. Die Beanspruchung solcher Gebäude als Wohneigentum ist hingegen nicht gestattet.
8) In dem Begleitgrün entlang einer Autobahn ist es aufgrund der bestehenden Lärmkulisse erlaubt geräuschvolle Aktivitäten zu betreiben, solang diese einen Lärmpegel von 100 dBA nicht überschreiten.
9) Auf den Hochleitungsmasten mit extra Klettervorrichtung ist das Hochklettern bis zur gekennzeichneten Grenze auf eigene Gefahr erlaubt.
10) In dem quadratischen Raum, der sich unter den Standbeinen eines Hochleitungsmastes ergibt, dürfen Gärten zu Selbstversorgungszwecken angelegt werden, dabei ist das Pflanzen von Bäumen nicht zulässig.

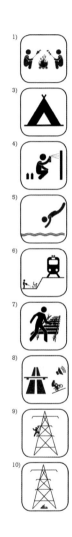

Emscher erleben

Die Entwicklung dieser Infrastrukturlandschaft muss also nicht automatisch mit großen zusätzlichen Investitionen in den Raum verbunden sein. Hierfür gibt es angesichts der Lage der öffentlichen Haushalte kaum Spielräume. Vielmehr sollten die ohnehin durch die Infrastrukturträger eingesetzten Mittel entsprechend qualifiziert und im Sinne einer integrierten Landschaftsentwicklung verwendet werden. Diese Qualifizierung setzt voraus, dass die Ansprüche zur Nutzung der Nebenflächen und Rundtsreifen an den jeweiligen Infrastruktur- Flächen überhaupt bei den verschiedenen Baulastträgern überhaupt bekannt sind.

Die zentralen Themenfelder und Veränderungsmöglichkeiten entlang von Infrastrukturtrassen sind hier benannt worden. Als einer der nächsten Schritte wäre eine umfassende Analyse ausgewählter Teilräume erforderlich. Die Auswahl kann sich danach richten, wo die Infrastrukturträger in absehbarer Zeit Investitionen vornehmen, z.B. im Zuge der Sanierung, des Ausbaus oder der Unterhaltung. Für diese Abschnitte müssen dann Ideen einer kombinierten Nutzung oder Verknüpfung zu angrenzenden Flächen entwickelt werden. Dabei geht es nicht um ein neues „Master-Planwerk" mit sukzessiv umzusetzenden Maßnahmen. Ziel wäre eher eine Art Ideensammlung mit räumlichen und inhaltlichen Positionen in Bezug auf anstehende Maßnahmen im Rahmen der Infrastrukturentwicklung und -unterhaltung. In Zukunft sollte es also darum gehen, Leitlinien und räumlich verortete Zielsetzungen zu formulieren, Möglichkeiten aufzuzeigen und ohnehin stattfindende Entwicklungsprozesse zielgerichtet zu moderieren.

Autoren

Prof. Dr. Jörg Dettmar

Prof. Dr. Jörg Dettmar hat nach dem Studium der Landschaftsplanung und Landschaftsarchitektur mit Spezialisierung in der Stadtökologie in seiner Dissertation über die Flora und Vegetation von Industrieflächen im Ruhrgebiet geforscht. Nach verschiedenen Stationen in öffentlichen Verwaltungen in Niedersachsen und Hamburg arbeitete er von 1995 bis 2000 in der IBA Emscher Park verantwortlich am Emscher Landschaftspark. Seit 2001 vertritt er die Professur Entwerfen und Freiraumplanung am Fachbereich Architektur der TU Darmstadt. Seine Forschungsschwerpunkte liegen in den Bereichen Nachhaltige Entwicklung Urbaner Landschaften, der Energetischen Optimierung von Siedlungsstrukturen und der Unterhaltung urbaner Grünflächen.

Prof. Dr. Hans-Peter Rohler

Prof. Dr. Hans-Peter Rohler hat 1995 nach seinem Studium der Landschafts- und Freiraumplanung an der Universität Kassel seine berufliche Tätigkeit zunächst bei der Planergruppe GmbH Oberhausen begonnen und hier verschiedene Projekte im Rahmen der IBA Emscher Park bearbeitet. Zwischen 1997 und 2002 war er als Assistent an der Universität Kassel tätig und hat zum Thema „Regionalparks - Strategien zur Entwicklung der Landschaft in Ballungsräumen" promoviert.
Seit 2002 betreibt er als einer von drei Partnern das Büro foundation 5+ landschaftsarchitekten in Kassel. Mit dem Wintersemester 2011/12 hat er das Fachgebiet „Freiraumplanung im städtebaulichen Kontext" an der Hochschule Ostwestfalen-Lippe übernommen.

Martin Biedermann, M(Sc)

Martin Biedermann hat Landschaftsarchitektur (B.Sc) und Stadt- und Regionalentwicklung (M.Sc) studiert. Er hat im Forschungsprojekt KuLaRuhr-Nachhaltige Kulturlandschaft in der Metropole Ruhr inhaltlich an den Fragen zur ‚Regionalen Biomassestrategie' und zur ‚Reintegration monofunktionaler Infrastrukturen in die Kulturlandschaft' gearbeitet. Daneben ist er als freier Mitarbeiter bei foundation 5+ Landschaftsarchitekten in Kassel angestellt.

Quellenverzeichnis

Braum, Michael & Klauser, Wilhelm (Hrsg.) (2013): Baukultur Verkehr – Orte – Prozesse – Strategien: Park Books AG; Potsdam, Zürich.

Dettmar, Jörg (1992): Industrietypische Flora und Vegetation im Ruhrgebiet. Dissertationes Botanicae Band 191. J.Cramer Verlag Berlin.
Dettmar, Jörg (1999): Neue „Wildnis"; In: Dettmar, Jörg & Ganser, Karl (Hrsg.) (1999): IndustrieNatur - Ökologie und Gartenkunst im Emscher Park. Eugen Ulmer Verlag Stuttgart. S. 134-153

Hauck, Thomas; Keller, Regine; Kleinkort, Volker (Hrsg.) (2011): Infrastructural urbanism. Addressing the in-between. DOM Publishers (Basics, 13) Berlin.

Koch, Michael & Carstean, Anca Maria (2011): Infrastruktur in der Landschaft. Eine baukulturelle Herausforderung, Berlin, BMVBS-Online-Publikation (Hg.), 15/2011, http://d-nb.info/1015785212/34, Zugriff am 30.06.2014.

Malterre-Barthes, Charlotte (2011): The Highway's Shadow: Zurich's Hardbrücke; In: Kleinekort, Volker (Hrsg.): Infrastructural urbanism. Addressing the in-between DOM Publishers. (Basics, 13) S. 93 – 107. Berlin.

Reitsam, Charlotte (2009): Reichsautobahn-Landschaften im Spannungsfeld von Natur und Technik. Transatlantische und interdisziplinäre Verflechtungen, Saarbrücken: VDM Verlag Dr. Müller.

Ritter, Markus & Schmitz, Martin (Hrsg.) (2006): Lucius Burckhardt - Warum ist Landschaft schön? Die Spaziergangswissenschaft. Martin Schmitz Verlag.
Shannon, Kelly & Smets, Marcel (2010): The Landscape of Contemporary Infrastructure. NAI Publishers Rotterdam.

Reicher, Christa; Zöpel, Christoph (Hrsg.) (2015): Raumstrategien 2030. Erscheinungstermin Frühjahr 2015.
Internetquellen

www.emscherkunst.de, Zugriff am 03.10.2014

http://ec.europa.eu/environment/nature/ecosystems/index_en.htm, Zugriff am 03.10.2014

www.parkautobahn.de, Zugriff am 03.10.2014

www.urbanekuensteruhr.de/de/projekte/b1|a40.57/, Zugriff am 03.10.2014

Abbildungsverzeichnis

Seite	
76	Abb. eigene Darstellung
78+79	Abb. eigene Darstellung
80+81	Abb. eigene Darstellung
82	Abb. eigene Darstellung
83	Abb. Hans-Peter Rohler, 2010

86 Abb. Helen Bijok (Hochschule Ostwestfalen-Lippe (HS-OWL), Jan-Eric Fröhlich (HS-OWL), Anja Hartig (Fachhochschule Wiesbaden), Britta Liebe (HS-OWL), Moritz Rohde (Leibniz Universität Hannover), 2013

87 Abb. Diandra Bell (HS-OWL), Gesa Brüggemann (HS-OWL), Johanna Driller (HS-OWL), Lisa Marie Lemp (Hochschule Bochum), Anita Pniewska (Poznan University of Life Science), 2013

05

_Bianca Porath | Hans-Peter Rohler

Biomassenutzung im Emscher Landschaftspark als Beitrag für eine nachhaltige urbane Kulturlandschaft in der Metropole Ruhr

Ausgehend von der bereits im Rahmen des Forschungsprojektes „Management Entwicklung und Vegetation – Pilotprojekt Regionales Parkpflegewerk für den Emscher Landschaftspark" (Dettmar & Rohler 2010) entwickelten Idee einer funktionalen Verknüpfung von Parkpflege auf der einen und einer nachhaltigen (energetischen) Nutzung der dabei anfallenden Biomassen auf der anderen Seite wurde im Verbundprojekt KuLaRuhr untersucht, wie eine solche Verknüpfung realisiert werden könnte. Konkret ging es dabei um die Fragen

- der tatsächlich vorhandenen Biomassepotenziale,

- den möglichen technischen Verfahren zur Aufbereitung und Verwertung

- der möglichen Energieerträge und den damit erzielbaren Einnahmen,

- logistischer Erfordernisse und

- die Möglichkeiten regionaler Kooperationen bei der Ernte und Verwertung der anfallenden Biomassen

Ziel war es, eine Biomassestrategie für den Emscher Landschaftspark zu entwickeln, die es den unterschiedlichen Akteuren in der Grünflächen- und Landschaftspflege erlaubt, ihre erforderlichen Unterhaltungsaufgaben nachhaltig auf einem angemessenen Niveau abzusichern und gleichzeitig einen sinnvollen Beitrag zur politisch gewollten Energiewende zu leisten.

Um es gleich vorwegzunehmen: Der Anspruch einer nachhaltigen, urbanen Kulturlandschaft lässt sich nicht zum Null-Tarif einlösen. Eine rein betriebswirtschaftliche Betrachtung solcher Konzepte lässt unter den gegebenen Rahmenbedingungen (insbesondere mit der Novellierung des EEG 2014) nur sehr begrenzte Realisierungschancen erwarten. Die Idee Bewirtschaftung und Pflege der urbanen Kulturlandschaft mit einer CO_2-neutralen Energieproduktion vor Ort zu verbinden, wird deshalb ohne entsprechende politische Entscheidungen nicht möglich sein. Gleichwohl ist die energetische Nutzung der anfallenden Biomasse unter bestimmten Bedingungen, wenn z.B. eine entsprechende Wärmesenke vorhanden ist, die anfallende Biomasse ohnehin geborgen werden muss oder in Kooperation mit der Landwirtschaft bereits bestehende Verwertungsanlagen genutzt werden können, durchaus auch ohne eine Förderung durch das EEG rentabel. Dies ist im Einzelfall zu prüfen und hängt von zahlreichen Bedingungen ab.

Vor dem Hintergrund, dass sich der Emscher Landschaftspark zunehmend als Imageträger der Region im In- und Ausland präsentiert, sind wir der Meinung, dass es sich auch unabhängig von den erzielbaren Gewinnen oder Einsparpotenzialen in jedem Fall lohnen würde, weiter an einer energetischen Verwertung der anfallenden Stoffe zu arbeiten. Die Verknüpfung der Grünflächen- und Landschaftspflege mit einer CO_2-neutralen Energieerzeugung, könnte die mit vielen öffentlichen Mitteln errichteten Freiräume des Regionalparks nachhaltig in ihren Qualitäten sichern.

Ausgangslage

Im Zuge der Energiewende will die Bundesregierung bis zum Jahr 2050 einen Anteil von 55-60 % bei den regenerativen Energien erreichen, wovon ein nicht definierter Teil aus der Bioenergie stammen soll. Die energetische Nutzung der Rest- und Abfallstoffe ist dabei aufgrund der „Teller-Tank-Trog"-Diskussion in den Fokus gerückt. Die Bundesregierung fordert, dass diese Stoffe stärker als bisher genutzt werden sollen. In Nordrhein-Westfalen werden derzeit nur 7 % der Grünflächenabfälle energetisch genutzt, laut einer INFA-Studie könnten es 30 % sein (MUNLV 2009). Der Emscher Landschaftspark ist mit 458 km² Flächenausdehnung größter Regionalpark eines Ballungsraums weltweit und zentrale grüne Infrastruktur der Metropole Ruhr. Er wird sowohl von der Politik, der Regional- und Stadtplanung, der Wirtschaftsförderung als auch von potenziellen Investoren mehr denn je als wichtiger Standortfaktor benannt. Stadtentwicklung in der Metropole Ruhr ist eng an Freiraum- und Landschaftsentwicklung gekoppelt und ohne diese nicht möglich.

Dabei steht der Regionalverband Ruhr als Träger des Emscher Landschaftsparks vor der Mammutaufgabe ein Management zu entwickeln, dass nicht nur die allseits bekannten Leuchttürme der IBA Emscher Park / der Post-IBA Phase wie den Landschaftspark Duisburg-Nord oder das Welterbe Zollverein bedient[1], sondern darüber hinaus auch Konzepte und Strategien für die Fläche bereitstellt (siehe RVR 2014). Zurzeit fehlen hierfür flächenspezifische und von allen Beteiligten akzeptierte Pflege- und Entwicklungsziele. Gleichzeitig mangelt es an einer Struktur, die alle beteiligten Akteure von den kommunalen Grünflächenämtern und Regiebetrieben über die Emschergenossenschaft, die anderen Infrastrukturträger, die industriellen Großeigentümer, die Land- und Forstwirtschaft und die zahlreichen privaten Eigentümer angemessen einbindet, die Verantwortlichen auf gemeinsame Ziele verpflichtet und mögliche Kooperationen bei der Pflege und Unterhaltung organisiert und koordiniert. Ein mit dem MEV-Projekt seit 2009 vorliegendes Konzept (siehe oben) wurde bislang seitens der verantwortlichen Akteure nicht umgesetzt.

Dabei stehen fast alle Pflegeakteure hier vor den gleichen Problemen: Immer weniger Mittel stehen für immer mehr Flächen zur Verfügung. Die Möglichkeiten der Rationalisierung und Einsparungen sind unter den individuellen Bedingungen i.d.R. weitestgehend ausgeschöpft – die verbliebenen Steuerungsmöglichkeiten konzentrieren sich auf die wichtigen Flächen in den Stadtzentren und Entwicklungsschwerpunkte, ansonsten wird an vielen Stellen von der Substanz gezehrt, Maßnahmen auf die erforderliche Verkehrssicherung reduziert oder Freiräume sukzessive in Wald umgewandelt. Entwicklungstendenzen, die – will man die vorhandenen Qualitäten sichern – gestoppt werden müssen.

Letztlich geht es darum, dass Pflege nicht viel kosten darf und deshalb entsprechend überall dort zurückgefahren wird, wo es aus Sicht der Verwaltung möglich ist und die Proteste der Bürgerschaft nicht zu groß sind. Es ist also nicht verwunderlich, dass z.B. zu über 90% Mulchmahd durchgeführt wird und selbst der Gehölzschnitt häufig nach dem Häckseln als Mulch in die Flächen gegeben wird. Die Nutzung der holzigen Biomasse, wie sie im Forst gang und gäbe ist, ist in der Grünflächen- und Landschaftspflege noch lange nicht die Regel. Muss das Material abgefahren werden, wird es entweder kompostiert oder vielfach in Müllheizkraft-oder Müllverbrennungsanlagen entsorgt.[2] Egal, welchen Weg es dabei nimmt, es verursacht Kosten, die die Pflegeakteure am liebsten vermeiden würden.

Ernte statt Pflege

Über die energetische Nutzung der ohnehin anfallenden Biomassen, könnten die Abfallstoffe zum Rohstoff werden. Pflege könnte als Ernte dieser Rohstoffe nicht nur kostentreibende Last, sondern regelmäßig durchgeführter Baustein einer nachhaltigen Bewirtschaftung sein.

Aktuell gibt es in den Kommunen kaum verfügbaren Grünschnitt für eine mögliche energetische Verwertung, weil die bereits gesammelten Materialien zurzeit über unterschiedlich langfristige Lieferbeziehungen und bereits vorhandene Stoffstromketten gebunden sind. Gleichzeitig verfügen die Pflegeakteure i.d.R. nicht über die entsprechende Erntetechnik, so dass zunächst Investitionen erforderlich wären und die Pflegekosten durch die Bergung der bislang ungenutzten Biomassen steigen würden. Vor dem Hintergrund der finanziellen Situation der Kommunen in der Metropole Ruhr ist eine Umstellung und Investition kurzfristig nicht in Sicht. Mit der Erwartungshaltung eines lukrativen Geschäfts ist die Nutzung der anfallenden Biomassen zurzeit deshalb nicht möglich, mit dem Fokus auf nachhaltig angemessen unterhaltene Grünflächen, Parks, Freiräume und Begleitgrünflächen gewinnen aber neue freiraumplanerische und imagerelevante Argumente an Bedeutung. Darüber hinaus spielen noch weitere Aspekte eine wichtige Rolle:

Die ökologische Bedeutung einer richtigen Pflege

Über 7,8 % der Landesfläche in Nordrhein-Westfalen (2682 km2) sind laut Landesamt für Natur, Umwelt und Verbraucherschutz NRW als Naturschutzgebiete ausgewiesen.[3] Nach Aussagen einiger unterer Landschaftsbehörden werden diese in weiten Teilen des Ruhrgebiets aufgrund der beschriebenen finanziellen kommunalen Not nicht oder unzureichend gepflegt. Ähnliches gilt für die bereits umgebauten Gewässer des Emschersystems oder Ausgleichs- und Ersatzflächen. Aus Kostengründen bleibt das Schnittgut liegen und reichert Flächen mit Nährstoffen an, die eigentlich ausgemagert werden sollen. Eine kostenneutrale oder zumindest kostengünstige Entsorgung der anfallen Stoffe würde den Verantwortlichen helfen.

Die Relevanz der Reduzierung von klimaschädlichen Gasen

Die auf den Flächen verbleibenden Biomassen setzen genauso wie kompostierte Biomassen das während des Wachstums gebundene CO2 wieder frei, ohne energetische Vorteile hieraus ziehen zu können. Eine vorgeschaltete Vergärungsstufe nutzt die im anaeroben Prozess freiwerdenden Gase, vor allem Methan, zur Energieerzeugung.[4] Mit dem neuen Abfallwirtschaftsgesetz NRW wird eine der Kompostierung vorgeschaltete Vergärung der Bioabfälle und des bereits eingesammelten Grünschnitts gefordert und für eine Reihe von Kommunen aufgrund bereits abgeschriebener Kompostierungsanlagen auch ökonomisch machbar. Hierin enthalten sind allerdings nicht die Mengen aus der Grünflächen und Landschaftspflege, die zurzeit nicht geborgen werden. Das ist bei den krautigen und halmartigen Biomassen der weit überwiegende Teil.

Stellschrauben einer regionalen Biomassestrategie

Soweit zum Hintergrund und zu den Rahmenbedingungen. Wo kann eine regionale Biomassestrategie also ansetzen um die Grünflächen- und Landschaftspflege mit der energetischen Nutzung zu verbinden? Unsere Untersuchungen haben gezeigt, dass es den einen optimalen Königsweg für die energetische Nutzung der Biomassen aus der Grünflächen- und Landschaftspflege nicht gibt. Einfache und klare Empfehlungen z.B. für ein Verwertungsverfahren können nicht ausgesprochen werden. Vielmehr ist jedes Verfahren vor dem Hintergrund der zur Verfügung stehenden Biomassemengen und -fraktionen, dem Vorhandensein von Wärmesenken, der zur Verfügung stehenden Logistik, den benötigten Energieformen usw. zu bewerten, um zu optimalen- weil individuell angepassten Lösungen - zu finden. Mit einer Biomassestrategie ist keine einfache und allgemeingültige Handlungsstrategie verbunden, sondern ein dynamisches weiter zu entwickelndes System, das von zahlreichen Stellschrauben bestimmt wird. Dabei lassen sich mehrere Handlungsfelder ausmachen:

Bereitstellung von Wissen auf aktuellem Stand

Hier geht es vorallem um die Ermittlung der vorhandenen Potenziale, sowie die möglichen technischen Verfahren bei der Ernte, der Aufbereitung und der Verwertung. Zur Ermittlung der Biomassepotenziale wurde im Rahmen des Forschungsvorhabens ein Biomassecode entwickelt, der an die bestehenden Grünflächeninformationssysteme angedockt werden kann und damit zeitnah genaue Aussagen über die Art und den Ort sowie das Aufkommen von Grüngut im jahreszeitlichen Verlauf ermöglicht.

Hinsichtlich der Verfahren bei der Aufbereitung und Verwertung geht es vor allem darum, die schnell voran schreitende technische Entwicklung für die Pflegeakteure aufzubereiten. Warum dies wichtig ist, kann an folgendem Beispiel erläutert werden: Ein wesentliches Problem ist, dass Grüngut aus der Park- und Landschaftspflege für eine energetische Verwertung nicht besonders gut geeignet ist, da es entweder in der Verbrennung mit zu hohen Chlor- und Aschegehalten kesselschädigend ist oder in der Fermentierung nicht zersetzt werden kann.[5] Hier sind neue Verfahren in der Entwicklung:

- Das sogenannten IFBB- oder das sehr ähnliche Florafuel-Verfahren, bei dem die anfallenden Biomassen zunächst gewaschen und dann zu Pellets oder Briketts gepresst werden. Auf diese Weise kann man die Chlor-Anteile bei der Verbrennung reduzieren und verfügt über einen lagerfähigen und transportwürdigen Brennstoff (siehe Wachtendorf et al. 2009).

- Die Extrusion, bei der durch thermomechanisches Zerreiben der Einsatzstoffe ein schnellerer und besserer Aufschluss zellulosehaltiger und lignifizierter Biomasse möglich wird.[6] Die Vorteile liegen in der größeren Oberfläche, die durch das Auffasern erzeugt wird und damit den Bakterien ein größeres Nährstoffpotenzial bietet. Durch die Homogenisierung gibt es auch keine Neigung mehr zu Schwimm- oder Sinkschichtbildung, womit der Einsatz in landwirtschaftlichen Nassfermentationsanlagen eine Option für schwer erschließbare Stoffe wird. Die Gasausbeute wird deutlich erhöht. Im Batch-Test konnte eine 26%-ige Steigerung nachgewiesen werden.[7] Dadurch wird die Einsatzstoffpalette verbreitert, da bisher als nicht nutzbar geltende Substrate für die Biogaserzeugung erschlossen werden. Dies betrifft hauptsächlich Landschaftspflegematerial, aber auch Grüngut privater und kommunaler Herkunft.

- Bei der Kompostierung mit vorgeschalteter Fermentierung, ist man auf eine Kombination mit den hochkalorischen Inhalten der Biotonne angewiesen. Anlagen dafür sind in Nordrhein-Westfalen ausreichend vorhanden, die meisten müssten aber mit einer Vergärungsstufe aufgerüstet werden.[8]

Will man den technischen Fortschritt im Sinne einer nachhaltigen Kulturlandschaft nutzen, ist es also wichtig, das Wissen und die Kompetenzen der energetischen Nutzung der Biomassen in der Region zu stärken. Da die technischen Verfahren sich dynamisch weiter entwickeln ist dies eine Daueraufgabe, die an geeigneter Stelle geleistet werden muss, um die verantwortlichen Akteure bei der Einführung neuer Erntemethoden, der Aufbereitung und der Verwertung der Biomassen zu unterstützen.

Koordination und Kooperation der pflegenden Akteure

Wie oben bereits dargelegt, benötigt der Emscher Landschaftspark ein Managementkonzept, das Lösungsansätze für die strategisch bedeutsame Frage der Bewirtschaftung und Pflege in der Fläche entwickelt. Über 90 % aller zusammengehörigen Flächen in den Grünzügen des Emscher Landschaftsparks haben mehr als einen Eigentümer und damit in der Regel mehr als einen Pflegeakteur (siehe Dettmar & Rohler 2010). Die von uns aufgestellte Verbindung zwischen einer an-

Struktur Biomassecode

Pflegeziele	Pflegeintervall (1)		Pflegezeitpunkt (1)		Biomassefraktion	
Biomassefraktion	Code	Klartext	Code	Klartext	Code	Klartext
Zierrasen	1	über 30/Jahr	1	Vegetationszeit	1	Halmgut
Mehrschnittrasen	2	15 bis 30/Jahr	1	Vegetationszeit	1	Halmgut
Landschafts-/Gebrauchsrasen	3	3 bis 8/Jahr	1	Vegetationszeit	1	Halmgut
Wiesen mehrschürig	3	3x jährlich	2	Mai/Juli/September	1	Halmgut
Wiesen einschürig	5	1x jährlich	4	September	1	Halmgut
extensive Rasenflächen	4	2x jährlich	3	Mai/September	1	Halmgut
Wildpflanzenmischung	5	1x jährlich	7	Juli/August	2	Krautig
Gelenkte Sukzession 1-jähr. Turnus	5	1x jährlich	4	September	2	Krautig
Gelenkte Sukzession 2-jähr. Turnus	6	2-jährig	4	September	2	Krautig
Sukzession Gehölze	7	5-8-jährig	6	Vegetationsruhe	3	Holz
Schnittgehölze	4	2x jährlich	5	Juni/September	3	Holz
Sträucher	6	2-jährig	6	Vegetationsruhe	3	Holz
Baum Kronenpflege	7	5-8-jährig	6	Vegetationsruhe	3	Holz

Wald (entfällt aufgrund von Kaskadennutzung)

gemessen gepflegten/bewirtschafteten urbanen Kulturlandschaft und der energetischen Nutzung der anfallenden Biomassen ist auch deshalb wichtig, weil sie zu den hierfür ohnehin erforderlichen Pflege- und Entwicklungszielen beiträgt. Mit Hilfe einer gemeinsamen GIS-Datenbank, die den o.g. Biomassecode enthält, kann man hier sehr schnell die Potenziale einer aufeinander abgestimmten Bewirtschaftung / Nutzung der bei der Pflege anfallenden Biomasse bestimmen. Die Untersuchungen im Forschungsprojekt KuLaRuhr haben gezeigt, dass die Menge an Material aus der kommunalen und regionalen Pflege auf den Stadtgebieten Bottrop und Gladbeck in der Minimalberechnung 3.500 Mg [9] Frischmasse pro Jahr beträgt. Dies wäre gerade ausreichend, um die kleinste auf dem Markt verfügbare Anlage zu beschicken. Wirtschaftlich deutlich sinnvoller wäre es, wenn 10.000 Mg und mehr pro Jahr verwertet werden können. Darüber hinaus könnten durch eine Kooperation der im räumlichen Zusammenhang pflegenden Akteure über den Tausch von Flächen, die gemeinsame Nutzung von Maschinen oder die Zusammenarbeit bei Transport und Verwertung weitere Synergien geschaffen werden.[10]

Biomassecode

Menge_min / max		Verwertungsverfahren		Energieertrag min / max		Biomassecode
[t FM / ha / a] (1)		Code	Klartext	[kWh / ha / a] (2)		
12	12	3		3.591	6.019	1.1.1.120.120.03590.06019
7	12	3		3.465	5.808	2.1.1.070.120.03465.05808
8	13	4		2.310	6.292	3.1.1.080.130.02310.06292
6	16	4		1.260	5.632	3.2.1.060.160.01260.05632
3	5	2		630	1.760	5.4.1.030.050.00630.01760
3	5	2		630	1.760	4.3.1.030.050.00630.01760
15	33	4		3.140	7.435	5.7.2.015.033.03140.07435
5	13	2		315	2.860	5.4.2.050.130.00315.02860
3,5	9	2		220	1.980	6.4.2.035.090.00220.01980
0,3	1,9	1		630	4.100	7.6.3.003.019.00630.04100
2	4,3	1		4.420	11.050	4.5.3.002.043.04420.11050
1	2,5	1		2.210	5.525	6.6.3.001.025.02210.05525
1	1	1		33	69	7.6.3.001.001.00033.00069

Optimierung von Grünflächen hinsichtlich des Kostenbeitrags zur Pflege

Die Pflegeziele von Grünflächen können an vielen Stellen dahingehend optimiert werden, dass unter Berücksichtigung der Freiraumnutzung die Qualität des Erscheinungsbildes erhöht wird. So lässt sich am Beispiel des Grünzugs Hahnenbach in Gladbeck gut darstellen, dass eine Extensivierung der Pflege bei gleichzeitiger energetischer Nutzung des Grünguts bis zu 73% der Kosten einspart und gleichzeitig die ökologische Qualität der Fläche verbessert werden kann. Konkret schlagen wir in diesem Beispiel vor, 76 % der Rasenfläche durch eine ein- oder zweischürige Wiesen zu ersetzen. Darüber hinaus könnte mit einem etwas höheren Investitionsaufwand die Flächen mit Wildpflanzenansaaten versehen werden, was neben einer ökologischen und gestalterischen Aufwertung der Flächen auch zu höheren Energieerträgen in der Größenordnung von ca. 30% führen würden (siehe Vollrath 2012 und Rommeswinkel 2014). In diesem Beispiel wird der Großteil der Einsparungen nicht aus der energetischen Nutzung, sondern aus einer extensiveren Pflege ausgewählter Bereiche generiert. Dies ist zwar prinzipiell auch ohne eine Verwertung der anfallenden

Kartenausschnitt
GIS-Datenbank
Gladbeck

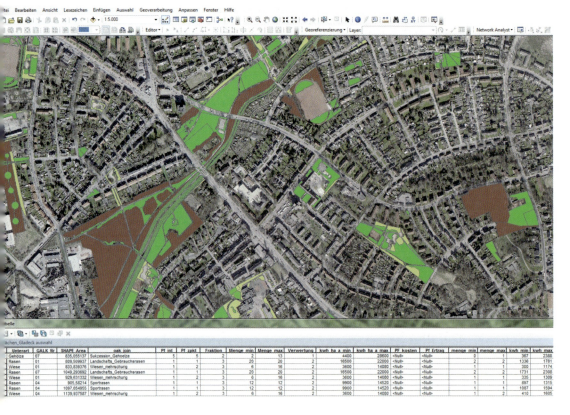

Biomasse möglich, eine Mulchmahd würde aber die funktionalen Qualitäten der Flächen mindern und erfordert deshalb auch aus freiraumplanerischer Sicht die Mitnahme der anfallenden Biomasse. Ein ähnliches Zusammenwirken bei der Umstellung von einzelnen Pflegezielen und der energetischen Verwertung der insgesamt anfallenden Biomassen ist auch für zahlreiche andere Flächen im Emscher Landschaftspark vorstellbar.

Eine entsprechende Prüfung aller öffentlichen Grünflächen des Emscher Landschaftsparks nach diesem Vorbild ist mit einem hohen Aufwand verbunden; angesichts der ggf. vorhandenen Einsparpotenziale aber ein lohnenswertes Unterfangen. Diese Arbeit wird allerdings seitens der Grünflächenämter nur dann in Angriff genommen werden, wenn die eingesparten Mittel nicht nur zu Sanierung der kommunalen Haushalte eingesetzt werden, sie also einen Mehraufwand haben, der gleichzeitig ihre prekäre finanzielle Lage dauerhaft verfestigt. Auch hier ist der politische Wille erforderlich, die frei werdenden Mittel dazu zu nutzen, die in den letzten Jahren entstanden Defizite (z.B. durch die Erneuerung abgängiger Ausstattungselemente) aufzuarbeiten und in die Qualität der Freiräume zu investieren.

Hahnenbachgrünzug Gladbeck

Hahnenbachgrünzug, Status Quo

Pflegeziele	Pflegeintervall	Erntefläche [m² oder Stk.]	Pflegekosten [€ / ha / a] (1)	Energieertrag (min / max) [kWh / ha / a]		Erlös durch energetische Verwertung (min / max) [€ / ha / a] (2)	
Landschafts-/ Gebrauchsrasen	3 bis 8/Jahr	33.200	21.250	7.670	20.890	2.920	6.940
Wiesen mehrschürig	3x jährlich	39.760	12.520	5.010	22.390	1.910	7.950
Baum Kronenpflege (Stk.)	5-8-jährig	210	3.150	6.930	14.490	2.100	6.300
Summen			36.920	19.610	57.770	6.930	21.190

Hahnenbachgrünzug, Umstellungspotenzial

Pflegeziele	Pflegeintervall	Erntefläche [m² oder Stk.]	Pflegekosten [€ / ha / a] (1)	Energieertrag (min / max) [kWh / ha / a]		Erlös durch energetische Verwertung (min / max) [€ / ha / a] (2)	
Landschafts-/ Gebrauchsrasen	3 bis 8/Jahr	7.840	5.020	7.670	4.930	690	6.940
Wiesen mehrschürig	3x jährlich	65.120	20.510	8.210	36.680	3.130	13.020
Baum Kronenpflege (Stk.)	5-8-jährig	210	3.150	6.930	14.490	2.100	6.300
Summen			28.680	22.810	56.100	5.920	26.260

Einsparpotenziale bei einer Umstellung der Pflege des Hahnenbachgrünzugs

Erschließung weiterer Biomassequellen

Eine Chance für die Einsatzstofferhöhung bietet das Kreislaufwirtschaftsgesetz auf Bundesebene, das ab dem 01.01.2015 in Kraft tritt und eine Getrenntsammlung von Bio- und Grünabfall vorsieht (vgl. §11, KrWG). Bisher sind in 184 kg Hausmüll je Einwohner und Jahr zwischen 50 kg und 70 kg organischer Substanz enthalten. Diese Stoffe wären ideal zur Co-Vergärung mit Grünschnitt und könnten mit der getrennten Sammlung künftig stärker erfasst werden. In NRW lautet die freiwillige Zielmarke bis zum Jahr 2020 150 kg pro Einwohner und Jahr. Zusätzlich müssten Markt- und Friedhofsabfälle, Laub und Material von GaLa-Bau-Betrieben – die Massen aus der Abfallwirtschaft umgelenkt und mit Grünschnitt zusammen verwertet werden. Wichtig ist dabei die aktuellen, aber auch zukünftig möglichen Stoffströme im Blick zu haben, zunächst aber mit den vorhandenen Substraten zu starten, weil es kaum Sinn macht abzuwarten, bis die für ein bestimmtes Verwertungsverfahren erforderlichen Substrate zur Verfügung stehen. Entscheidender ist, welche weiteren Nebeneffekte für die Region / die Kommunen und den Emscher Landschaftspark erzielt werden können.
Was bleibt zu tun? Wie kann man die Ergebnisse verwerten und die Ziele weiterverfolgen?

Energetische Nutzung der Biomassen unabhängiger von der Förderung durch das EEG machen

Seit dem 01. August ist das das Erneuerbare Energien Gesetz EEG 2014 in Kraft getreten. Für den Bereich der Biomasse bedeutet das deutliche Einschnitte:
Die Einsatzstoffvergütungsklassen sind seit der Gesetzesnovelle entfallen und es gibt eine nach Anlagengröße gestaffelte Verpflichtung der Direktvermarktung. Die Kürzungen der Vergütung im Sektor der Biomasse betragen ca. 30% gegenüber dem EEG 2012, was laut einer Stellungnahme des Deutschen Biomasseforschungszentrums (DBFZ) größtenteils keinen wirtschaftlichen Betrieb möglich macht. Die Bruttozubaugrenze ist auf 100 MW begrenzt worden; ein darüberhinausgehender Ausbau erhält eine verminderte Förderung. Dies hat die Unsicherheit für Investoren verstärkt, zumal auch ohne Begrenzung nur ein Ausbau von 120 MW jährlich erwartet worden wäre… ‚Nur mit einem gewissen Investitionsvolumen, können der Erhalt und die Weiterentwicklung der Technologien im Bereich der Stromerzeugung aus Biomasse sichergestellt werden', so das DBFZ im März 2014.
Weiterhin ist der Begriff des Landschaftspflegebonus klarer definiert worden. Er wird ausschließlich für Biomassen von Natur-und Landschaftsschutzflächen gezahlt. Dies stärkt die Pflege dieser Flächen, wird aber nicht ausreichen, um die notwendigen Maßnahmen in diesem Bereich zu finanzieren. Gleichzeitig sind die Materialien aus der Grünflächenpflege mit dieser Regelung von einer zusätzlichen Förderung ausgenommen.
Vor diesem Hintergrund darauf zu warten, dass sich die politischen und finanziellen Rahmenbedingungen wieder zu Gunsten einer energetischen Verwertung von Biomassen ändern, erscheint uns wenig zielführend. Vielmehr sollte man mit den zurzeit bereits auch ohne EEG-Förderung rentabel nutzbaren Biomassen beginnen und nach zusätzlichen Synergien mit anderen notwendigen und /oder ohnehin stattfindenden Prozessen und Aufgaben suchen und auf diese Weise die energetische Nutzung der dabei anfallenden Biomassen sukzessive vorantreiben. Die holzigen Anteile aus der Grünflächen- und Landschaftspflege sollten in die Verbrennung im räumlichen Zusammenhang mit Wärmesenken oder vorhandenen Nah- bzw. Fernwärmenetzen gehen. Die energetische Verwertung krautigen Materialien mit den oben genannten Verfahren können in Kooperation mit Landwirten und der Abfallwirtschaft erprobt und weiterentwickelt werden.

Kommunale und regionale Wertschöpfung erhöhen

Aus den Grünflächenämtern und Kommunen kommt bisher aus den beschriebenen Gründen wenig Initiative, den Grünschnitt als Rohstoff zu betrachten. Die Stadt Bottrop könnte über den Einsatz der oben beschriebenen Extrusion eine Zusammenarbeit mit ortsansässigen Landwirten, die Nassfermentationsanlagen betreiben, etabliert werden. Für die Landwirte würde sich durch eine kontinuierliche Lieferung von kommunalem Grünschnitt eine Erweiterung des Einsatzstoffspektrums, beziehungsweise eine Reduktion/Substitution von Mais erreichen lassen. Zudem böte dieser Ansatz den Vorteil, dass die Landwirtschaft im Emscher Landschaftspark gestärkt, die Wertschöpfung lokal verbleiben und die Transportwege kurz gehalten würden, ganz nach dem Motto: „Aus der Region für die Region".

Verankerung der energetischen Biomassenutzung im Regionalparkmanagement des Regionalverbands Ruhr

Hierzu müsste der Regionalverband Ruhr gemeinsam mit Kommunen und anderen Akteuren - wie zum Beispiel den Infrastrukturträgern oder den Landwirten - Pflege-, Entwicklungs- bzw. Bewirtschaftungskonzepte entwickeln, die angepasst an die vorhandene Situation vor Ort die Pflege und Entwicklung der urbanen Kulturlandschaft mit ihrer Nutzung verknüpfen. Auf der Basis einer solchen - an einer lokalen Wertschöpfung orientierten Nutzung - könnte die Qualität des Emscher Landschaftsparks auch ohne permanente öffentliche Subventionen nachhaltig abgesichert werden. Trotz der unter betriebswirtschaftlicher Perspektive nur schwierig umsetzbaren Konzepte, sehen wir hierin eine wichtige strategische Chance. Dies ist zurzeit eine der wenigen Möglichkeiten die Grünflächen- und Landschaftspflege in der urbanen Kulturlandschaft der Metropole Ruhr aus eigener Kraft zukunftssicher aufzustellen.

Viele Grundlagen konnten mit dem KuLaRuhr-Projekt aufgearbeitet und für die Region bereitgestellt werden. Es bleibt abzuwarten, ob die Ergebnisse genutzt werden, um die nachhaltige urbane Kulturlandschaft in der Metropole Ruhr zu entwickeln und zu pflegen.

Autoren

Bianca Porath

Bianca Porath ist Landschaftsarchitektin AKNW und seit 2013 Gesellschafterin bei der Planergruppe Oberhausen. Von 2006-2009 und von 2011-2014 war sie als wissenschaftliche Mitarbeiterin an der TU Darmstadt in den BMBF-Forschungsprojekten „Management, Entwicklung und Vegetation - Pilotprojekt für ein regionales Parkpflegewerk" und „KuLaRuhr" im Teilvorhaben „Regionale Biomassestrategie" tätig. Neben dem Regionalparkmanagement sieht Frau Porath die energetische Nutzung des Grünguts aus der Pflege als eine der zentralen Aufgaben für den Emscher Landschaftspark und die Metropole Ruhr.

Prof. Dr. Hans-Peter Rohler

Prof. Dr. Hans-Peter Rohler hat 1995 nach seinem Studium der Landschafts- und Freiraumplanung an der Universität Kassel seine berufliche Tätigkeit zunächst bei der Planergruppe GmbH Oberhausen begonnen und hier verschiedene Projekte im Rahmen der IBA Emscher Park bearbeitet. Zwischen 1997 und 2002 war er als Assistent an der Universität Kassel tätig und hat zum Thema „Regionalparks - Strategien zur Entwicklung der Landschaft in Ballungsräumen" promoviert.
Seit 2002 betreibt er als einer von drei Partnern das Büro foundation 5+ landschaftsarchitekten in Kassel. Mit dem Wintersemester 2011/12 hat er das Fachgebiet „Freiraumplanung im städtebaulichen Kontext" an der Hochschule Ostwestfalen-Lippe übernommen.

Fußnoten

[1] Zurzeit werden bis 2016 insgesamt 16 Projekte als touristisch relevante Destinationen mit einem 50%-igen Zuschuss durch das Land NRW bei der Pflege unterstützt. Als Träger des Emscher Landschaftsparks verwaltet der Regionalverband Ruhr diese Mittel und hat damit ein Instrument, eine qualitätvolle Pflege für diese Flächen abzusichern.
[2] Aufgrund des hohen Wassergehalts von bis zu 70%, ist dies unter energetischen Gesichtspunkten nicht der optimale Weg, da nasses Material einen geringen Heizwert hat.
[3] Datenquelle siehe unter: http://www.naturschutzinformationen-nrw.de/nsg/de/fachinfo/gebiete/gesamt; letzter Aufruf am 30.08.2014
[4] Untersuchungen des Instituts für Energie- und Umweltforschung aus Heidelberg haben ergeben, dass ‚die hochwertige Bioabfallverwertung mit Kaskadennutzung regelmäßig ökologisch vorteilhafter ist' (IFEU 2012 siehe auch Gärtner et al. 2012).
[5] Bisher können die Stoffe aufgrund ihres hohen Lignin- und Zellulosegehalts nicht fermentiert werden, da die Bakterien diese Zellstrukturen nicht auflösen können und das Material in der Nassfermentation zu Sink- oder Schwimmschichtbildung neigt.

[6] Die Firma Lehmann-Maschinenbau hat ein Verfahren entwickelt, das mit Doppelschneckenextruder thermomechanisch, also mittels Druck und Temperatur, das Material bis in die Zellstruktur aufschließt.

[7] Quelle unter http://www.fnr.de/presseservice/pressemitteilungen/archiv/achiv-nachricht/archive/2010/may/article/mehr-biogas-dank-bioextrusionR/?tx_ttnews[day]=03&cHash=194e418aebe3d3df63946142908b190a; letzter Aufruf am 30.08.2014

[8] Von 63 Anlagen in Nordrhein-Westfalen, sind nur 10 mit einer Vergärungsstufe ausgerüstet. Existent ist eine Jahresverarbeitungskapazität von ca. 1,9 Mio. Tonnen.

[9] Mg entspricht Megagramm, also 1.000 kg= 1 Tonne

[10] Bei den hier bestehenden rechtlichen Hürden im Vergaberecht ergeben sich durch die dieses Jahr vom EuGH geschaffenen erweiterten Möglichkeiten der Inhouse-Vergabe und interkommunalen Zusammenarbeit neue Handlungsmöglichkeiten.

Quellenverzeichnis

Dettmar, J.& Rohler, H-P. (2010): Das regionale Parkpflegewerk für den Emscher Landschaftspark - Ergebnisse des Forschungsprojektes Management Entwicklung und Vegetation In: Dettmar, J. & Rohler, H.-P. (Hrsg.): Trägerschaft und Pflege des Emscher Landschaftsparks in der Metropole Ruhr - Wie viel Grün kann sich die Metropole Ruhr leisten? Klartextverlag Essen. S. 66-99.

Gärtner, S.O.; Hienz, G.; Keller, H. & Paulsch, D. (2012): Ökobilanz der kaskadierten Nutzung nachwachsender Rohstoffe am Beispiel Holz – eine Einordnung (Life Cycle Assessment of the cascading use of Renewable Resources Using the Example of Wood – a Classification). UmweltWirtschaftsForum 20(2), pp. 155-164, DOI 10.1007/s00550-012-0259-7. Heidelberg.

MUNLV - Ministerium für Umwelt und Naturschutz, Landwirtschaft und Verbraucherschutz des Landes Nordrhein-Westfalen (2009): Bioenergie.2020.NRW – Biomasseaktionsplan zum nachhaltigen Ausbau der Bioenergie in Nordrhein-Westfalen. Juni 2009

Rommeswinkel, Hans (2014):, Grünschatzprojekt im Rahmen der Regionale 2016; Planungs- und Umweltamt, Freiraumplanung der Stadt Dorsten. Schriftliche Auskunft vom April 2014

RVR - Regionalverband Ruhr (Hrsg.) (2014): Trägerschaft für den Emscher Landschaftspark. Evaluierungsbericht 2014. Entwurf Stand März 2014. MBS GmbH Essen, 133 S.

Vollrath, Birgit(2012): Energiepflanzen für Biogasanlagen. : In: Grunewald, J. in Fachagentur Nachwachsende Rohstoffe e.V. (FNR)(Hrsg.) Gülzow. S. 41f.

Wachendorf, M.; Richter, F.; Fricke, T.; Graß, R. & Neff, R. (2009): Utilization of semi-natural grassland through integrated generation of solid fuel and biogas from biomass. I. Effects of hydrothermal conditioning and mechanical dehydration on mass flows of organic and mineral plant compounds, and nutrient balances. Grass and Forage Science, 64, 132-143 [2]

Seite		Bildnachweis
96	Abb. eigene Darstellung	
98	Abb. eigene Darstellung	
99	Abb. eigene Darstellung	
100	Abb. eigene Darstellung	
101	Abb. Bianca Porath, 2008	
102	Abb. eigene Darstellung	

06

_Rolf Born I Frank Bothmann
Ulrich Häpke I Denise Kemper
Bernd Pölling

Der Emscher Landschaftspark auf dem Weg zum Produktiven Park – Urbane Landwirtschaft und Parkentwicklung: Erreichtes und die nächsten Schritte

Einleitung

Auf dem Weg zum „Produktiven Park" spielt die urbane Landwirtschaft im Kern der Metropole Ruhr für den Emscher Landschaftspark eine wichtige Rolle. Immerhin werden 37% des Parks von landwirtschaftlichen und gartenbaulichen Unternehmen bewirtschaftet und gepflegt.
Landwirtschaft im Ruhrgebiet war in der Vergangenheit ein schwieriges Thema. Die rasche Industrialisierung hat die agrarisch geprägte Landschaft mit ihren Ackerbürgerstädten in einen polyzentralen Ballungsraum verwandelt – dominiert von Kohle und Stahl. Öffentlichkeit und Behörden interessierten sich primär für Industrie und Gewerbe, Wohnquartiere sowie für Abwasserbeseitigung, Energie- und Wasserversorgung. Lange Zeit stand daher die Landwirtschaft, die trotz der tiefgreifenden Überprägung der Landschaft große Flächen in der Region kultiviert und gestaltet, hinten an. Dies galt sowohl für das gesamte Ruhrgebiet als auch für den 465 km² großen Emscher Landschaftspark, den Regionalpark im Herzen des größten deutschen Ballungsraumes. Die Landwirtschaftskammer als „Träger öffentlicher Belange" war zusammen mit der landwirtschaftlichen Praxis viel damit beschäftigt, dass die landwirtschaftlichen Flächen in Planungsverfahren nicht über Gebühr umgenutzt wurden.
Seit drei Jahren sind Landwirtschaftskammer NRW und Regionalverband Ruhr am Forschungsverbund „Nachhaltige urbane Kulturlandschaft in der Metropole Ruhr (KuLaRuhr)" beteiligt, und zwar mit den Teilprojekten „Zukunftsforum Urbane Landwirtschaft" und „Regionalparkmanagement". Über die Forschungsarbeit sowie durch die regionalen Fachdialoge zum neuen Regionalplan Ruhr und die Erstellung des landwirtschaftlichen Fachbeitrages sind der Regionalverband und die Landwirtschaftskammer Nordrhein-Westfalen in eine intensive Kooperation eingetreten. Diese Kooperation eröffnet die Chance, das Thema Landwirtschaft in die weitere Parkentwicklung, aber auch in die gesamte Entwicklung der Metropolregion einzubringen. So beschreibt Frank Lohrberg in der Denkschrift „Produktiver Park", die aus einer Zukunftswerkstatt im Jahre 2010 hervorgegangen ist, die „Land- und Forstwirtschaft auf Expansionskurs - vom Punkt in die Fläche" (Lohrberg 2010a: 92-93). Der Ansatz des „Produktiven Parks" schuf eine größere Offenheit für weitergehende Kooperationen.

Landwirtschaft im Ruhrgebiet

Urbane Landwirtschaft – Was ist das?

Zu Beginn eines Projektes muss man sich über das Verständnis von „Urbaner Landwirtschaft" einigen, nicht zuletzt, weil urbane Landwirtschaft in den Medien häufig mit urbanem Gärtnern gleichgesetzt wird (Lohrberg 2010b, 1; Bryant et al 2013, 62). Angesichts der großen Raumbedeutung der professionellen urbanen Landwirtschaft muss der Blick stärker auf die produktive Landwirtschaft und den produktiven Gartenbau gelenkt werden. Da sehr unterschiedliche Aktivitäten unter dem Oberbegriff der urbanen Agrikultur agieren, ist eine Definition erforderlich. Dabei umfasst die urbane Agrikultur die drei Bereiche urbane Landwirtschaft, urbanes Gärtnern und innovative Konzepte. Diese Definition orientiert sich am englischsprachigen Raum, wo unter *urban agriculture*

Urbane Agrikultur umfasst die professionelle urbane Landwirtschaft, das urbane Gärtnern und innovative Konzepte

unterschieden wird zwischen urban farming, das ist die professionelle Landwirtschaft, und *urban gardening*. Daran angelehnt hat die Landwirtschaftskammer Nordrhein-Westfalen in ihrem KuLaRuhr-Projekt eine Definition der urbanen Landwirtschaft erarbeitet und mit vielen Akteuren aus Landwirtschaft und Gartenbau diskutiert:

„Urbane Landwirtschaft umfasst professionelle landwirtschaftliche und gartenbauliche Aktivitäten in und am Rande von städtischen Verdichtungsräumen. (Welt)marktorientierte Landwirtschaft ist in urbanen Räumen ebenso vertreten wie die charakteristische Kombination von einer auf den städtischen Raum ausgerichteten spezialisierten und diversifizierten Erzeugung landwirtschaftlicher Produkte mit einer Vielzahl landwirtschaftsnaher Dienstleistungen. Städte und ihre Agglomerationsbereiche erfordern eine besonders angepasste Multifunktionalität der Landwirtschaft."(Born/ Pölling 2014,10)

Daher ist die urbane Landwirtschaft vom „urban gardening" der StädterInnen zu unterscheiden, wo der Fokus auf soziokulturellen Aspekten, wie Freizeitgestaltung, Selbstversorgung, in Gemeinschaft produzieren etc. liegt. Die deutlichsten Unterschiede sind in der Tabelle unten zusammengefasst.

Allerdings verschwimmen diese Grenzen immer wieder und werfen die Frage auf, wie urbane Landwirtschaft und urbanes Gärtnern miteinander verbunden werden können – eine wichtige Frage für die Stadtentwicklung von morgen. Beispiele für Kooperationen sind Mietgärten, wie sie z.B. von den „Ackerhelden" in einigen Städten angeboten werden, oder auch die solidarische Landwirtschaft (Community Supported Agriculture).

Urbane Landwirtschaft	Urbanes Gärtnern
Landwirte/Gärtner	Stadtbewohner
Professionell	Nicht-professionell
Marktorientiert	Sozio-kulturell / Eigenverbrauch
Große Raumwirkung	Geringe Raumwirkung
Geringe Medienpräsenz	Große Medienpräsenz

Hauptunterschiede zwischen urbaner Landwirtschaft und urbanem Gärtnern

Verschiedene Forschungsprojekte beschäftigen sich mit innovativen Konzepten, wie vertical farming, Dachgewächshäusern und Aquaponik. So untersucht das Fraunhofer Institut in Oberhausen, wie Gemüse auf Dächern angebaut werden kann. Zu bedenken ist, dass begrünte Dächer zusätzliche Lasten tragen und – zu entsprechenden Mehrkosten – statisch verstärkt werden müssen. Aquaponik-Systeme verbinden Fischzucht und Gemüseanbau, stehen aber vor dem Problem, dass viele Fische tierisches Eiweiß als Futter benötigen. Etliche technische Innovationen werden zurzeit getestet und lassen spannende Ergebnisse erwarten. Urbane Landwirtschaft, urbanes Gärtnern und innovative Konzepte sollten stärker miteinander verzahnt werden, um Synergieeffekte zu erreichen.

Agrarstruktur in der Metropole Ruhr und im Emscher Landschaftspark

Im Vergleich zu vielen anderen Metropolregionen ist der Flächenanteil der Landwirtschaft im Ruhrgebiet mit 40% sehr hoch. In den elf stärker verdichteten kreisfreien Städten liegt der Anteil der Landwirtschaft noch immer bei bemerkenswerten 25%, so auch in der Stadt Dortmund mit ihren 575.000 Einwohnern.

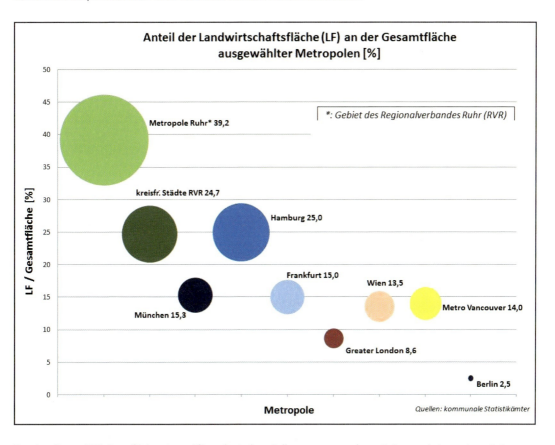

Flächenanteile der Landwirtschaft in ausgewählten Metropolen

Der Anteil von 40% Agrarflächen im größten deutschen Ballungsraum wurde in Vorträgen und Veröffentlichungen immer wieder genannt und ist nun in der Region weithin bekannt. Nun gilt es, diesen hohen Flächenanteil verstärkt in die nachhaltige regionale Entwicklung zu integrieren. Instrumente hierfür sind Öffentlichkeits- und Netzwerkarbeit, ehrliche Diskussionen und Teilhabe an Prozessen und Projekten. Dies wird dadurch erleichtert, dass die Landwirtschaft in dicht besiedelten Regionen mit der Bevölkerung eng verzahnt ist. Darüber hinaus ist die Kooperationsbereitschaft der Behörden erforderlich, während Landwirtschaft und Gartenbau ihre Rolle als bedeutende Flächennutzer und -gestalter zum Nutzen der Region auch aktiv leben müssen.
Nicht nur an den Rändern des Ruhrgebietes, sondern auch in seinem Zentrum

oben
Schematische Darstellung der Flächenbedeutung der Landwirtschaft in der Metropole Ruhr

unten
Landwirtschaftsflächen im Emscher Landschaftspark

werden Landwirtschaft und Gartenbau betrieben. Genau in diesem Kernbereich liegt der Emscher Landschaftspark mit dem neuen Emschertal und den Regionalen Grünzügen. Während Im östlichen Bereich die Landwirtschaft den Regionalpark dominiert, ist sie im Westen eher auf Inseln und Schneisen konzentriert. Innerhalb des Emscher Landschaftsparks werden ebenfalls fast 40% von der Landwirtschaft bewirtschaftet. So sind die Agrarflächen ganz entscheidend für die Qualifizierung, Weiterentwicklung sowie auch das Management des Parks.

Dies zeigen bereits bestehende Projekte, wie der Landschaftspark Mechtenberg im Städtedreieck Essen, Gelsenkirchen und Bochum. Hier werden das „Schöne und Nützliche", ästhetische Qualitätsziele und produktive Landwirtschaft miteinander verbunden. Der Mechtenberg ist ein gelungenes Beispiel für eine kooperative Win-win-Situation und zeigt, wie der Agrarsektor und der Regionalverband Ruhr als Park- und Projektträger gewinnbringend zusammenarbeiten können. Diese positiven Erfahrungen sollten nun auf einen größeren Rahmen übertragen werden.

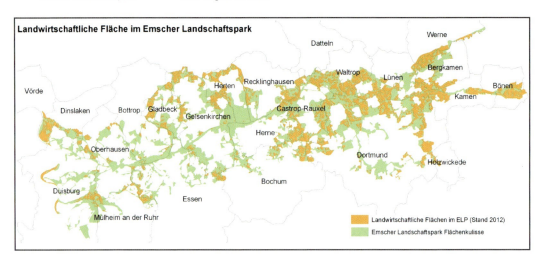

Emscher Landschaftspark

Die Anfänge des Emscher Landschaftsparks liegen in der „Internationalen Bauausstellung Emscher Park" (1989-1999). Damals war das Interesse an einer Kooperation mit der Landwirtschaft eher gering und vor allem auf eine ökologische Umstellung der Landwirte ausgerichtet. Aufgrund der unsicheren Zukunftsplanungen - u. a. auch begründet in dem hohen Anteil an nur einjährigen Pachtverträgen - war das Interesse von Seiten der Landwirtschaft nur gering. Schließlich hat die IBA Emscher Park drei landwirtschaftliche Projekte realisiert: die Umgestaltung des Ingenhammshofes in Duisburg zum Lehr- und Lernbauernhof der Arbeiterwohlfahrt 1993, die Land-Art-Projekte am Mechtenberg in Essen 1994-

99 sowie die Einrichtung des Neuland-Fleischzerlegebetriebes (inzwischen auch für Biofleisch) auf der Ökologiestation 1999 in Bergkamen (Häpke 2012; 73-74).
In der zweiten Dekade der Parkentwicklung wurde 2005 der „Masterplan Emscher Landschaftspark 2010" veröffentlicht. In einem eigenen Kapitel über „Urbane Landwirtschaft und Waldnutzung" wurde eine „Plattform Urbane Landwirtschaft" vorgeschlagen, um die Akteure zusammenzubringen und gemeinsame Perspektiven für den Emscher Landschaftspark zu entwickeln (Projekt Ruhr 2005; 206-224). Zu dieser Zeit wurde auch das RVR-Gesetz von 2004 verabschiedet, das Freiraumsicherung und –gestaltung sowie die Trägerschaft des Emscher Landschaftsparks zu Pflichtaufgaben des Regionalverbandes Ruhr erklärt hat, die der Trägerschaftsvertrag präzisiert, den der Regionalverband und das Land Nordrhein-Westfalen für den Zeitraum 2006-2016 geschlossen haben. Doch erst mit dem Beginn der dritten Parkdekade hat sich der Regionalverband wieder mit dem Thema urbane Landwirtschaft befasst, wie die schon erwähnte Denkschrift „Der Produktive Park" zeigt (Lohrberg 2010a, 92-93). Durch das KuLa-Ruhr-Forschungsvorhaben konnte die geforderte Informations- und Kommunikationsseite inzwischen eingerichtet werden.

Emscher Landschaftspark und das Neue Emschertal

Zudem haben die strategischen Überlegungen zur Parkentwicklung einen neuen Stand erreicht. Zusammen mit den Partnern in der Region hat der Regionalverband mit dem Positionspapier 2020+ ein neues Konzept vorgelegt. Es enthält 14 thematische Leitlinien, darunter auch eine eigene Leitlinie zur urbanen Landwirtschaft. Diese Leitlinie erklärt: "Die multifunktionale urbane Landwirtschaft ist ein wichtiger Gestalter der urbanen Kulturlandschaft" (RVR 2013a, 6) und macht drei Aspekte deutlich: Erstens ist die Multifunktionalität prägend für die regionale urbane Landwirtschaft. Die Betriebsausrichtungen in Landwirtschaft und Gartenbau sind hier sehr vielfältig und umfassen viele Produktionszweige und Dienstleistungsangebote. Zweitens besteht Einigkeit darin, dass die Landwirtschaft wichtiger Nutzer und Gestalter der urbanen Kulturlandschaft ist. Als Drittes stellt die Leitlinie die urbane Kulturlandschaft heraus. Während die IBA noch den Wiederaufbau der Landschaft diskutiert hat, sprechen die Akteure heute von einer Qualität der Kulturlandschaft im Ruhrgebiet. Dies bedeutet ein gewaltiges Umdenken und einen innovativen Entwicklungsansatz. Die Leitlinie zur urbanen Landwirtschaft wird bereits durch erste Projekte umgesetzt. Den aktuellen Stand zeigt ein eigenes Kapitel im Evaluationsbericht 2014 über die Trägerschaft des Regionalverbandes für den Emscher Landschaftspark (RVR 2014, 115-118).

Erreichtes

Auf dem Weg des Emscher Landschaftsparks hin zum „Produktiven Park" hat das Forschungsvorhaben KuLaRuhr von 2011 bis 2014 wichtige Impulse gesetzt:
Das Teilprojekt „Zukunftsforum Urbane Landwirtschaft" der Landwirtschaftskammer hat die Internetseite www.urbane-landwirtschaft.org veröffentlicht, die die Vielfalt von Landwirtschaft und Gartenbau in der Metropolregion vorstellt. Sie wendet sich an Landwirte und Gärtner, an Politik und Verwaltung sowie an Verbraucher, um die Akteure miteinander zu verbinden: ein wichtiges Instrument, um die Kommunikation über urbane Landwirtschaft weiterzuführen.
Bei der 2. KuLaRuhr-Werkstatt diskutierten Vertreter aus Landwirtschaft, Politik, Planung und Wissenschaft gemeinsam über „Urbane Landwirtschaft im Emscher Landschaftspark - Zukunftsthema nachhaltiger Stadtentwicklung". Die Veranstaltung am 5. November 2014 auf Hof Holz in Gelsenkirchen hatte sechs Schwerpunktthemen (vgl. KuLaRuhr 2013):

- Produktion für die Region und den Weltmarkt,
- Nutzungskonkurrenzen und Flächenverbrauch,
- Naturschutzrechtliche Kompensationsmaßnahmen,
- Landwirtschaftliche Dienstleistungen und Produktiver Park,
- Landwirtschaft und Umweltfunktionen in Ballungsräumen sowie
- Kurze Pachtlaufzeiten vs. langfristige Perspektiven.

Durch eine Befragung von Landwirten im Emscher Landschaftspark konnte Susanne Kost einige Aspekte vertiefen. Ihre qualitativen Interviews belegen die Probleme der Landwirte mit den Flächenverlusten von 1.000 ha im Jahr sowie den kurzfristigen – meist einjährigen – Pachtverträgen (Kost 2013). Über die gesamte Metropole Ruhr gemittelt befinden sich etwa 60 % der Flächen nicht im Eigentum der Bewirtschafter. Dieser Prozentsatz liegt im Zentrum des Ballungsraumes mit teilweise 75 - 80 % noch deutlich darüber. Eigentümer sind u.a. Städte, private Unternehmen und in einem geringen Maß auch der Regionalverband. Um Perspektiven für die Landwirtschaft und den Freiraum zu entwickeln, müssen diese Probleme angegangen werden.
Neben der Fachöffentlichkeit ist auch in der Bevölkerung ein Wertewandel gegenüber der Landwirtschaft festzustellen. In der Gesellschaft steigt das Interesse an der Lebensmittelproduktion in der Nachbarschaft. Um diesen Trend zu unter-

stützen, entstand im KuLaRuhr-Projekt eine Broschüre zu Bauernhoferlebnissen im Emscher Landschaftspark. Darin werden landwirtschaftliche Betriebe mit Hofläden und weiteren Serviceleistungen, wie Gastronomie, Selbsternte und Kinderangebote, mit ihren vielfältigen Angebot vorgestellt. Diese Broschüre trifft den Nerv der Zeit. Sie stillt den Informationsbedarf der Bevölkerung und zeigt, wie vielfältig die Landwirtschaft in der Region ist.

Angeregt durch die Forschungsarbeit und durch den regionalen Diskurs zur Regionalplanung (LKW-NRW 2013; RVR 2013b) wurde ein „Runder Tisch Landwirtschaft in der Metropole Ruhr" eingerichtet, an dem der Direktor der Landwirtschaftskammer Nordrhein-Westfalen und die Regionaldirektorin einmal im Jahr die Potenziale und Hemmnisse der urbanen Landwirtschaft in der Region anhand aktueller Themen sowie Kooperationsmöglichkeiten besprechen. Die gemeinsamen Projektideen wurden bereits in das Handlungsprogramm 2020+ eingearbeitet.

Besonders fruchtbar ist die Einbindung der beiden Teilprojekte in das europäische Forschungsnetzwerk „EU COST – Cooperation in Science and Technology – Action Urban Agriculture Europe", in dem sich Wissenschaftler europaweit mit der urbanen Landwirtschaft befassen. Dieser Rahmen ermöglichte es beiden Teilprojekten, ihre Forschungsergebnisse und den Emscher Landschaftspark als Beispiel über die Landesgrenzen hinaus zu präsentieren (Kemper 2013). Der internationale Austausch von Wissenschaftlern, Planern und Praktikern zeigt, dass die urbane Landwirtschaft auch andere Regionen in Europa bewegt.

Nach KuLaRuhr- wie geht es weiter?

Auch nach Abschluss des KuLaRuhr-Forschungsverbundes Ende 2014 bleibt die urbane Landwirtschaft ein Zukunftsthema für die Landwirtschaftskammer und den Regionalverband Ruhr! Die Akteure wollen angestoßene Arbeitsprozesse und die Kommunikation fortsetzen, um weitere gemeinsame Projekte für die Zukunft zu entwickeln und umzusetzen. Hierzu gehört auch, unter Federführung der Landwirtschaftskammer einen Arbeitskreis der Landwirte im Ruhrgebiet einzurichten. Thematisch sollen zusätzlich Biodiversität, Klimaschutz und Klimaanpassung stärker in den Fokus rücken.

Perspektivisch ist konkret zu prüfen, ob Förderbestimmungen für landwirtschaftliche Umweltleistungen, z. B. über die 2. Säule der EU Agrarpolitik oder auch die ökologischen Vorrangflächen im Rahmen des „Greening", dazu beitragen können, landschaftsästhetische und ökologische Aspekte stärker in die Landschaft einzubringen. So ist zu überlegen, wie der Ansatz des Mechtenbergprojektes, die produktive Landwirtschaft mit landschaftsgestalterischen Elementen (Konzept des „Schönen und Nützlichen") zu verknüpfen, auf andere Räume übertragen werden kann, auch mit dem Ziel, vermehrt landwirtschaftliche Bewirtschaftungssysteme in die qualifizierte Weiterentwicklung der Patchwork-Landschaft einzubinden.

Da die Betriebe der Region so vielfältig ausgerichtet sind, bieten sie abseits der typischen Bauernhöfe weitere Erlebnisse. Der Aufbau eines touristischen Angebotes durch landwirtschaftliche Themenrouten, z.B. „Route der Agrarkultur" birgt viele Möglichkeiten, um diese der Bevölkerung zugänglich zu machen. Die stark nachgefragte Broschüre „Bauernhoferlebnisse" soll auch für andere Teilräume der Metropole Ruhr erarbeitet werden. Die Umweltbildung gilt es, mit landwirtschaftlichen Themen, wie dem Projekt Lernort Bauernhof stärker zu verknüpfen.

Schlussbetrachtung

Wo steht nun der Emscher Landschaftspark auf dem Weg zum Produktiven Park? Aus Sicht der Landwirtschaft war der Emscher Landschaftspark schon immer produktiv. Eine Zukunftsaufgabe ist, diesen Produktionsraum in seiner Vielfalt und Einzigartigkeit zu sichern sowie die ansässige urbane Landwirtschaft bestehender ökonomischer, ökologischer und gesellschaftlicher Rahmenbedingungen weiterzuentwickeln. Für die konzeptionelle Arbeit der letzten Jahre lässt sich folgendes Resümee ziehen:

1. Aufgrund des Forschungsvorhabens KuLaRuhr sind der Regionalverband Ruhr und die Landwirtschaftskammer Nordrhein-Westfalen sowie die weiteren Partner von relativ wenig zu deutlich mehr gemeinsamen Wissen gelangt.

2. Durch Kommunikation zwischen den Akteuren sind die Überlegungen zur Landwirtschaft im Emscher Landschaftspark von Missverständnissen in viel gemeinsames Verständnis umgewandelt worden.

3. Ein zum Teil bereits erreichtes und weiterführendes Ziel ist die deutlich erhöhte Aufmerksamkeit und Identifikation der aktiven Landwirtschaft mit dem Thema der urbanen Agrikultur. Dies ist wesentlich für die kooperative Weiterentwicklung der urbanen Landwirtschaft im Emscher Landschaftspark im Sinne eines Produktiven Parks und seines Parkmanagements.

4. Weiterhin verfolgt wird das Projekt, die Wertschätzung für die urbane Landwirtschaft aus ökonomischer, sozialer und ökologischer Sicht zu steigern.

5. Die verstärkte Einbindung der Landwirte und Gärtner als Unternehmer und Beteiligte in regionale (Planungs-) Prozesse ist in den letzten Jahren erreicht worden und soll fortgeführt werden.

6. In gemeinsamen Prozessen und Projekten wird an der Weiterentwicklung und Zukunftsfähigkeit der produktiven und professionellen urbanen Landwirtschaft des Ballungsraumes gearbeitet, wobei gleichzeitig Mehrwert für die städtische Gesellschaft, Landschaft und Umwelt generiert wird.

Autoren

Dipl.-Ing. Rolf Born

Jahrgang 1951, Diplom-Ingenieur Landespflege/Landschaftsarchitekt AKNW Projektleiter KuLaRuhr Teilvorhaben „Zukunftsforum Urbane Landwirtschaft" und stellvertretender Leiter des Geschäftsbereiches 2 „Standortentwicklung, Ländlicher Raum" der Landwirtschaftskammer Nordrhein-Westfalen und. Tätigkeitsschwerpunkte sind Landes- und Regionalplanung, Regionalentwicklung, Nachhaltiges Landmanagement und Kulturlandschaftsentwicklung.

Dipl.-Geogr. Frank Bothmann

Jahrgang 1962, Diplom Geograph/Stadtplaner AKNW, Projektleiter des KuLaRuhr-Teilvorhabens „Regionalparkmanagement" und Teamleiter 11-4 „Konzeption Emscher Landschaftspark/AG Neues Emschertal" beim Regionalverband Ruhr.
Themenschwerpunkte: Regionalentwicklung, Regionalparkmanagement, Kommunikation/Öffentlichkeitsarbeit, regionale Freiraumkonzepte und Umweltinformationssysteme, europäische Verbundprojekte (Interreg).

Dr.-Ing. Ulrich Häpke

Jahrgang 1953; Raumplaner, Promotion an der Universität Kassel, Wissenschaftlicher Mitarbeiter beim Regionalverband Ruhr im Team „Konzeption Emscher Landschaftspark/AG Neues Emschertal" und im Forschungsprojekt KuLaRuhr, Teilprojekt 3 „Nachhaltiges Regionalparkmanagement"; Themenschwerpunkte: Freiraumschutz, Regionalentwicklung und Agrarpolitik, insbesondere im Spannungsfeld Landwirtschaft, Umwelt und Naturschutz

Dipl.-Geogr. Denise Kemper

Jahrgang 1978, Diplom Geographin
Wissenschaftliche Mitarbeiterin beim Regionalverband Ruhr im Team „Konzeption Emscher Landschaftspark/AG Neues Emschertal" im Forschungsprojekt KuLaRuhr im Teilprojekt 3 „Nachhaltiges Regionalparkmanagement". Themenschwerpunkte nachhaltiges Ressourcenmanagement, regionale Wirtschaftsentwicklung, Regionalentwickung

Dipl.-Geogr. Bern Pölling

Jahrgang 1984, Diplom Geograph
Wissenschaftlicher Mitarbeiter in der Landwirtschaftskammer Nordrhein-Westfalen im KuLaRuhr-Teilprojekt 2 „Zukunftsforum Urbane Landwirtschaft" im

Geschäftsbereich 2 „Standortentwicklung, Ländlicher Raum". Tätigkeitsschwerpunkte: Physische Geographie, Landschaftsökologie, Agrarische Kulturlandschaftsentwicklung, Urbane Landwirtschaft.

Quellenverzeichnis

Born, R. u. Pölling, B. (2014): Urbane Landwirtschaft in der Metropole Ruhr. In: B&B Agrar 02/2014. März/April: 9-12.

Bryant, C., Sanchez, N.C., Delusca, K., Daouda, O., & Sarr, A. (2013): Metropolitan Vulnerability and Strategic Roles for Periurban Agricultural Territories in the Context of Climate Change and Vulnerability. In: Cuadernos de Geografia Vol. 22 No. 2, 2013: 55-68.

Häpke, U. (2012): Freiraumverluste und Freiraumschutz im Ruhrgebiet. Common Property Institutionen als Lösungsansatz?. Dortmund

Kemper, D. (2013): EU COST- Workgroup 2: Governance models and policy contexts.Urban Agriculture in the Emscher Landscape Park, Germany. Arbeitspapier

Kost, S. (2013): Hemmnisse und Chancen der Landwirtschaft im Emscher Landschaftspark. Ergebnisse einer Befragung von Landwirten in ausgewählten Teilräumen des Emscher Landschaftsparks. Endbericht. Kassel

KuLaRuhr (2013): Dokumentation: KuLaRuhr-Werkstatt II, Urbane Landwirtschaft im Emscher Landschaftspark – Zukunftsthema nachhaltiger Stadtentwicklung, http://www.kularuhr.de/tl_files/downloads/werkstatt/2.KuLaRuhr-Werkstatt.pdf

LWK NRW – Landwirtschaftskammer Nordrhein-Westfalen (2013) : Landwirtschaftlicher Fachbeitrag zum Regionalplan „Metropole Ruhr". Unna
Lohrberg (2010a): Land- und Forstwirtschaft aus Expansionskurs- vom Punkt in die Fläche; S. 92f; In: Scheuvenz, R; Taube, M.(2010): Der Produktive Park- Denkschrift zum Emscher Landschaftspark. Essen

Lohrberg, F. (2010b): Urbane Agrarlandschaften. In: Valentin (Hrsg.) (2010): Wiederkehr der Landschaft. Berlin: 24-33.

Lovell, S. T. (2010). Multifunctional Urban Agriculture for Sustainable Land Use Planning in the United States. In: Sustainability 2 (8): 2499-2522.

Projekt Ruhr GmbH (2005): Masterplan Emscher Landschaftspark 2010. Essen

RVR – Regionalverband Ruhr (2013a): Beschlussvorlage 12/1050.Position Emscher Landschaftspark 2020+; Leitlinien und Handlungsprogramm. Ruhrparlament vom 04.04.2014

RVR – Regionalverband Ruhr (2013b): Fachdialog Land- und Forstwirtschaft. Werkstattbericht vom 06.11.2012. Essen

RVR – Regionalverband Ruhr (2014): Trägerschaft für den Emscher Landschafts- park- Evaluierungsbericht 2014. Essen

Abbildungsverzeichnis

Seite

109   Abb. Denise Kemper, 2014

110   Abb. eigene Darstellung
        Abb. eigene Darstellung

111   Abb. eigene Darstellung;
            Datengrundlage: Kommunale Statistikämter, 2009-2012

112   Abb. eigene Darstellung,
        Abb. eigene Darstellung

113   Abb. Denise Kemper, 2014

07

_Michael Schwarze-Rodrian

New Yorks neue Parks und der Brooklyn Bridge Park – Referenzen für das regionale Management des Emscher Landschaftsparks

New Yorks neue Parks und der Brooklyn Bridge Park
– Referenzen für das regionale Management des Emscher Landschaftspark _ 07

Der Emscher Landschaftspark gilt weltweit als gelungenes Beispiel der Entwicklung einer regionalen Grünen Infrastruktur in einer Agglomeration. Er ist Vorbild für zahlreiche Projekte in vielen Ländern bei denen es um die Umwandlung ehemals industriell genutzter Flächen in neue attraktive urbane Quartiere und Grünflächen geht. Gerade deshalb macht es Sinn von der Metropole Ruhr aus immer wieder genauer zu betrachten welche Lösungen in anderen Ländern, in anderen Metropolen gefunden wurden um daraus für die Weiterentwicklung des ELP Ideen und Anregungen abzuleiten.

Vor diesem Hintergrund habe ich für meinen Vortrag nach einem Park-Beispiel gesucht, dass in besonderem Maße geeignet ist, einen konkreten Beitrag zu der aktuellen Perspektivendiskussion des regionalen Parkmanagements des Emscher Landschaftsparks zu leisten.

Ich habe mich für New York entschieden. Hier sind in den letzten Jahren im Rahmen einer umfassenden Strategie gerade in Manhatten und Brooklyn zahlreiche neue Parks, Grünzüge und Freiräume entstanden (siehe http://www.nycgovparks.org/park-features/parks-list).

oben & unten
Brooklyn Bridge Park

Parks auf Strukturwandelflächen wecken, weltweit Aufmerksamkeit

Wenn man sich international umsieht, dann ist nicht zu übersehen, dass alle vom industriellen Strukturwandel betroffenen Städte und Regionen ein gemeinsames und in der Regel großes Potenzial haben: Neue, freigewordene oder untergenutzte Flächen auf ehemaligen Industrie- und Produktionsanlagen, auf alten Bahnflächen, auf alten Hafenanlagen, auf alten Flughäfen oder auf ehemaligen Flächen des Militärs. Sie liegen heute in der Regel mitten in der Stadt.

Einige dieser Städte erkennen dieses einmalige Potenzial und nutzen es immer konsequenter für eine grüne Stadtentwicklung. Die Hafenstadt New York gehört dazu.

Die alten Handelsinfrastrukturen - die unzähligen und zum Teil mehrere Jahrhunderte alten Piers und Lagerhäuser New Yorks - waren viel zu klein geworden, hatten keine zeitgemäßen Anschluss- und Umschlagmöglichkeiten und lagen damit für eine wettbewerbsfähige Hafennutzung am falschen Platz. Dies galt für Manhattan und seinen Anlage am Hudson River oder am East River genauso, wie für Brooklyn oder Jersey City. Der Strukturwandel der Stadt New York, der Logistikindustrie und auch der Tourismusindustrie brauchten neue Containerhäfen (jetzt in der Upper Bay des Hudson auf der Seite von New Jersey liegend) und auch neue Kaianlagen, an denen die großen Kreuzfahrt- und Passagierschiffe anlegen können.

Für etliche Jahrzehnte entstanden Brachen, verrosteten technische Anlagen, wurden Hallen und Freiflächen für Zwischennutzungen entdeckt. Nicht nur in New York war das Parken von Kraftfahrzeugen eine bevorzugte Option. Städtebaulich blieben sie private Betriebsflächen, nicht zugänglich für die Öffentlichkeit, mit geringer wirtschaftlicher Bedeutung und zunehmend hässlich.

Strukturwandel ist in dieser Stadt nicht Ungewöhnliches. Dass sich insbesondere neue Parkanlagen hier in besonders erfolgreicher Weise im Wettstreit der Nutzungs- und Verwertungsinteressen durchgesetzt haben, überrascht Außenstehende vielleicht doch.

Neue Parks entstehen in New York auf alten Hafenarealen

Erstes Beispiel: Hudson River Park

Mit dem neu gestalteten Battery Park, der ab 1968 realisierten Battery Park City mit ihrer Marina und ihren Promenaden im Süden und mit dem sich nach Norden anschließenden Hudson River Park hat die Stadt New York der Westkante von Downtown und Midtown Manhattan ein völlig neues Gesicht gegeben. Nördlich anschließend bilden Riverside Drive, Riverbank State Park und Riverside Park eine durchgänglge grüne Wasserkante.

Der Hudson River Park erstreckt sich vom ehemaligen Pier 25 bis hinauf zum Pier 99 an der 59. Straße. Dieser wassernahe Um- und Ausbau der Stadtlandschaft ist heute weitgehend abgeschlossen und wird täglich von Tausenden New Yorkern und ebenso vielen Touristen als moderne Freizeit- und Erholungslandschaft genutzt.

Zunächst war ab 1973 der Westway, eine neue Stadtautobahn geplant, für die die alten Piers abgerissen und zusätzliche Verkehrsflächen durch Verfüllungen des Flusses geschaffen werden sollten. Der Wiederstand gegen das Straßenprojekt führte 1985 zu der Einstellung dieser traditionellen Verkehrsplanung. Es dauerte bis 1998 bis mit dem Hudson River Park Act die rechtlichen Grundlagen - und mit dem Hudson River Park Trust die organisatorischen Vorsausetzungen - für die neuen New Yorker Ufer geschaffen waren. 1999 begannen die Arbeiten an der Green Waterfront.

Der 2,2 km² große Hudson River Park ist die größte neue Parkanlage in New York seit der Fertigstellung des Central Parks. Sie enthält nicht nur eine Serie völlig neuer Parks auf ehemaligen Piers, die weiterhin fingerartig ins Wasser hineinragen, sondern auch eine über die gesamte Länge begleitende parallele Wegeführung von Uferwanderwegen, Poketparks und einer modernen Radwegeführung.

New Yorks neue Parks und der Brooklyn Bridge Park
– Referenzen für das regionale Management des Emscher Landschaftspark _ 07

Walkway und Bikeway trennen dabei Walking & Running vom Skating & Cycling. Die eigentliche Uferstraße, die 12th Avenue, wurde nach Osten verlegt um zusätzlichen Platz für den Park zu schaffen und hat sich in eine grüne 4-spurige und durchgängig bepflanzte Promenade gewandelt. Die separat geführten Radwege und eine Vielzahl von Ampelanlagen und Querungen für Fußgänger und Radfahrer führen zu einer Gleichberechtigung der Verkehrsteilnehmer. Die anschließenden Baugrundstücke zählen mittlerer weile zu den attraktivsten und teuersten in der Stadt.

Der Hudson River Park hat die gesetzliche Aufgabe, den öffentlichen Zugang zum Fluss anzuregen, zu unterstützen und zu erweitern, für die wasserbezogen Erholung zu werben und die natürlichen, kulturellen und historischen Belange des Hudson Rivers zu fördern.
Hinsichtlich des breiten Informations- und Dienstleistungsangebots des Hudson River Parks siehe http://www.hudsonriverpark.org/

oben & unten
Hudson River Park

Zweites Beispiel: The Highline

Das medial und öffentlich in den letzten Jahren am meisten beachtete Parkprojekt der Stadt New York ist sicher der Highline Park.
Dieser neue 2,3 km lange Park auf hunderten stählernen Stützen einer ehemaligen Güterbahnstrecke von 1932 in Manhattans West Side, fasziniert seit seiner Eröffnung 2009 ganz New York, seine Gäste und die Medien. The Highline ist ein öffentliches, ein gesellschaftliches und ein touristisches must und die 1999 als Bürgerbewegung gegründeten Friends of the Highline bieten als Verantwortliche heute eine Parkpflege und einen Informationsservice an, der seines Gleichen sucht.
Die Highline ist nicht nur eine hochwertige Sanierung einer industriekulturell wertvollen alten Infrastruktur mitten in New York, sondern sie ist eben zugleich auch ein ganz besonderes Stück Garten- und Parkarchitektur der Arbeitsgemein-

schaft James Corner Field Operations (Projektleitung), Diller Scofidio + Renfro und dem für seine besondere Verwendung von Gräsern weltweit bekannten Pflanzendesigner Piet Oudolf.

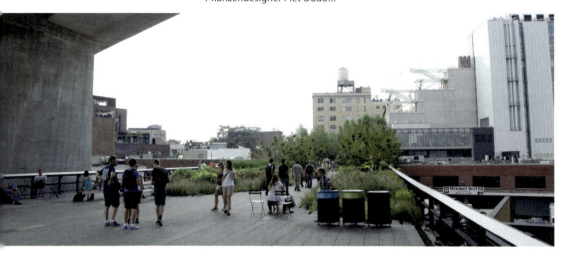

Highline, New York

Die Highline steht auch für ein einmaliges Zusammenwirken der Stadt New York und privaten Initiativen, Bürgergruppen und einzelnen Persönlichkeiten. Längst ist der ehemalige Meatpacking District zu einer nachgefragten kulturellen Adresse geworden, werden alte Warehouses zu Lofts und Studios gewandelt und neue Hotel-, Büro- und Wohngebäude werden in unmittelbarer Nähe zur Highline errichtet.

Für mehr Informationen zum Design, zur Parkpflege und zu allen öffentlichen Events sei die Internetseite der Friends of the Highline genauso empfohlen, wie für ihre herausragende Bilddatenbank über die Highline zu allen Jahreszeiten: http://www.thehighline.org/

Drittes Beispiel: Der Brooklyn Bridge Park

Meine Wahl als besonders interessantes Referenzprojekt für den Emscher Landschaftspark fiel aber nach meinem vierten Besuch im Herbst 2013 auf den Brooklyn Bridge Park.

Brooklyn Bridge Park

Es war nicht mehr zu übersehen, dass ein besonders schönes Stück brandneuer Parkgestaltung direkt gegenüber der Skyline der Südspitze Manhattans einen eindeutig sozialen Charakter hat. Diese Anlagen dienen der Gesundheit, der Erholung und dem Sport seiner aktiven oder sich ausruhenden Nutzer.

Nicht neue Hochhäuser stehen den alten Hochhäusern Manhattans gegenüber, sondern Tischtennisplatten, Liegewiesen, Volleyballfelder, Anglerplätze mit Waschtischen für die frisch gefangenen Fische, Barbecue und Grillplätze, Anlegeplätze für Kanuten, ein ganzer Pier voller Fußballplätze, ein großes Areal mit Kletter- und Wassergärten für kleine und große Kinder, Basketballfelder, Bocciabahnen und als besondere Attraktion: ein großes historisches Jahrmarktskarussell von 1922 – in einem eigens von Jean Nouvel 2011 errichteten Glashaus – als

New Yorks neue Parks und der Brooklyn Bridge Park
– Referenzen für das regionale Management des Emscher Landschaftspark _ 07

privates Geschenk wohlhabender Sammler und Immobilien-Entwickler an den öffentlichen Brooklyn Bridge Park.

Brooklyn Bridge Park

Meine Recherchen ergaben, dass es wieder und ebenfalls langjähriges Bürgerengagement war, das dazu führte, dass die darüber liegende Terrasse der Brooklyn Hights nicht durch neue Hochhäuser verstellt wurde. Es zeigte sich auch, dass ein ganz besonderes ökonomisches Konzept der Finanzierung des Parks zu Grunde liegt: ein sehr kleiner Teil des Parks finanziert den Rest. Die Gewinne aus ausgewählten Immobilienprojekten fließen direkt in die Finanzierung des Brooklyn Bridge Park. Immobilien- und Parkmanagement ergänzen sich operativ 1:1 auf der Grundlage von öffentlichen Verträgen.

Ein paar Angaben zur Entwicklungsgeschichte: Der Strukturwandel auf den Brooklyn am East River vorgelagerten Hafenflächen hält schon lange an. Anfang der 1950er Jahre erfolgte der erste Abriss der alten Finger-Piers und der historischen Lagerhäuser um den damals neuen Anforderungen der Schifffahrt genügen zu können.

Zwischen 1956 – 1964 wurden 13 neuen Piers für größere Schiffe errichtet. Der internationalen Entwicklung der Containerschifffahrt konnten auch die neuen Pieranlagen am Fuße Brooklyn Hights nicht standhalten. 1983 beendete die New York Port Authority die Hafennutzung und die Flächen und Gebäude wurden durch verschiedenste kommerzielle Einzelnutzungen verwertet.

1983 war zugleich auch das Jahr der Gründung der Bürgerinitiative „Friends of Fulton Ferry Landing", die sich am historischen Anleger der Fähre zwischen Brooklyn und Manhattan für die Zukunft des Areals einsetzte. 1989 erfolgte die Namensänderung in „Brooklyn Bridge Park Coalition" verbunden mit einer deutlichen Erweiterung einzubeziehenden Flächen und Entwicklungsziele und neun Jahre später folgte 1998 die Gründung der „Brooklyn Waterfront Local Development Cooperation (LDC)" die verschiedene Planungen und diverse Bürgerdialoge veranlasste.

Am 2. Mai 2002 unterzeichneten der damalige New Yorker Bürgermeister Michael Bloomberg und der Gouverneur des Staates New York George Pataki das „Brooklyn Bridge Park Memorandum of Understanding" (MOU), dass den Grundstein für die aktuelle Entwicklung legte. Zur Umsetzung der gemeinsamen Absichten wurde 2002 die "Brooklyn Bridge Park Development Corporation" gegründet.

Zu den wichtigen Verständigungen gehörte die Entscheidung für eine gemeinsame Anschubfinanzierung in Höhe von $ 360 Mio. durch den Staat New York, die Stadt New York sowie die Port Authority New York and New Jersey.

Zu den besonderen ökonomischen Eckpfeilern des Brooklyn Bridge Parks gehört die Auflage, alle Betriebs- und Unterhaltskosten durch kommerzielle und bauliche Nutzungen im Parkgelände zu finanzieren. Es sollten – über die Anschubfinanzierung hinaus - keine weiteren Steuermittel für den Betrieb des Parks bereitgestellt werden. Es wurde auch eine Kombination von öffentlichem Land-Use-Plan und operativen Projektentwicklungsverträgen gewählt, die eine möglichst gute Steuerung der Parkentwicklung unterstützen sollte.

2004 wurden die Landschaftsarchitekten Michael Van Valkenburgh Associates aus New York von der Parkentwicklungsgesellschaft mit der Masterplanung und dem Design des Brooklyn Bridge Parks beauftragt. Der Baubeginn für die 34 ha große und 2 km lange Green Waterfront folgte 2008. Der Park ist noch nicht vollständig fertiggestellt und wird abschnittsweise der Öffentlichkeit übergeben.

Die behutsame Integration und gewinnbringende Vermarktung von sieben (ex-klusiven) Immobilien(flächen) innerhalb des Brooklyn Bridge Parks im Verbund mit langjährigen Pachtverträgen finanziert 90 % der Parkflächen und ihrer Infrastrukturen. Der Umbau und die Vermarktung der historischen Warehouses am Pier 6 und 5 ist abgeschlossen und ein Neubau an den sog. Pier 1 Sites – direkt neben der historischen Anlegestelle an der Fulton Street – geht gerade an den (Bau-)Start. Bauhöhe und Gebäudestruktur der Neubauten sind an den Park angepasst.

oben
Brooklin Bridge Park, Granit Sitzmöglichkeiten

unten
Brooklin Bridge Park, Parkbänke aus Deckenbohlen

Der Brooklyn Park ist eine sehr gelungene, wasserbegleitende Abfolge von Park-, Sport- und Erholungsräumen, die Uferstreifen und insgesamt sechs völlig umgewandelte Piers umfasst und zugleich eine Vielzahl von Wasserhabitaten und naturnahen Entwicklungsflächen anbietet. Schilf, Binsen, weitere Ufergräser und grober gebrochener Granit an einzelnen Uferlinien wechselt sich ganz selbstverständlich mit Beton, geschnittenem Granit, Stahl und modernen Tartan- Kunststoffbelegen ab. Die hölzernen Deckenbohlen eines dreihundert Jahre alten New Yorker Warehouses stellten den Rohstoff für alle Parkbänke des Brooklyn Bridge Parks. Neu gesägt und gefasst bilden sie eine einmalige Sitzgelegenheit. Die sanierungsbedürftigen Natursteinfundamente der Roosevelt Island Bridge lieferten das natürliche Recyclingmaterial für den „Granite Prospect", eine große rosafarbene Granit-Treppe am Wasser auf der sich jeden Tag - und insbesondere jeden Abend - hunderte Besucher niederlassen um die Skyline von Manhattan und den Sonnenuntergang über dem Hudson River zu verfolgen.

Auch hier sei die Internetseite des Brooklyn Park mit seinen vielfältigen Angeboten empfohlen: http://www.brooklynbridgepark.org/

Fazit: Es lohnt sich das Managementkonzept des Emscher Landschaftsparks zu erweitern

Diese drei New Yorker Parkbeispiele mit ihren einzelnen Entstehungsgeschichten, ihren besonderen amerikanischen Rahmenbedingungen, dem für uns ganz ungewohnten privaten ökonomischen und sozialen Engagement – auf Seiten privater Geldgeber genauso wie bei der bürgerschaftlichen Parkpflege – haben etwas gemein mit unseren Erfahrungen: sie finden alle auf Strukturwandelflächen statt und sie brauchen alle mehrere Jahrzehnte bis zu ihrer Realisierung.

Langer Atem und eine fruchtbare Kombination von öffentlichem, politischem, bürgerschaftlichem und privatem Engagement ist auch dort von Nöten gewesen. Ohne ein proaktives und engagiertes Herangehen an die gewünschte Entwicklung wäre keine der vorgestellten Parkanlagen entstanden. Keine der Parkanlagen ist aus einem einfachen Plan oder einfachen Entscheidungen entstanden. Keine wurde von einer Behörde alleine entschieden oder bewerkstelligt.

Bei genauer Betrachtung der Angebote, die die drei Parkanlagen ihren Nutzern (z.B. auf den genannten Internetseiten) machen, fällt deren hohe Professionalität und Kontinuität auf. Hier lohnt es sich diese Angebote zu studieren und uns zu fragen, welche vergleichbaren Strukturen und Dienstleistungen wir im Emscher Landschaftspark und seinen großen und kleinen Einzelanlagen ebenfalls anbieten und umsetzen könnten.

Schließlich bleibt die Frage, ob nicht auch hier viel weitergehende Möglichkeiten einer operativen Verbindung von öffentlichen und privaten Investitionen denkbar und umsetzbar wären.

Es ist mir klar, dass es hier nicht um Adaption oder 1:1 Übertragungen gehen kann. Die Begegnung mit auswärtigen Parkmanagern stimuliert dennoch und erweitert unseren Horizont. In diesem Sine könnte der regelmäßige internationale Erfahrungsaustausch auch für das sich z. Zt. neu aufstellende Parkmanagement des Emscher Landschaftsparks weiterführend sein.

Autor	Michael Schwarze-Rodrian

Michael Schwarze-Rodrian leitet heute das Referat Europäische und regionale Netzwerke Ruhr und nimmt die Aufgabe des EU Beauftragten beim Regionalverband Ruhr (RVR) wahr. Er hat in den 70er Jahren Landschaftsplanung an der Technischen Universität Berlin studiert. Nach fünfjähriger Tätigkeit als Wissenschaftlicher Mitarbeiter am Institut für Landschaftsökonomie der TUB arbeitet er seit Mitte der 80er Jahre im Ruhrgebiet. Im Mittelpunkt seiner Arbeit stehen Strategien und Projekte der nachhaltigen Stadt- und Landschaftsentwicklung (Emscher Landschaftspark, Konzept Ruhr, Wandel als Chance). In dem polyzentrischen Ballungsraum Ruhrgebiet ist der Netzwerkgedanke grundlegend: die Bündelung und Profilierung der in der Region vorhandenen Stärken und Potenziale – auf der Basis interkommunaler und regionaler Zusammenarbeit. Seine langjährigen Erfahrungen mit regionaler Moderation bringt er kontinuierlich in den nationalen und internationalen Erfahrungsaustausch ein.

Abbildungsverzeichnis	Seite	
	121	Abb. Michael Schwarze-Rodrian, 2013
		Abb. Michael Schwarze-Rodrian, 2013
	123	Abb. Constanze Petrow, 2013
		Abb. Constanze Petrow, 2013
	124	Abb. Jan Voigt, 2014
		Abb. Michael Schwarze-Rodrian, 2013
	125	Abb. Michael Schwarze-Rodrian, 2013
	126	Abb. Michael Schwarze-Rodrian, 2013
		Abb. Michael Schwarze-Rodrian, 2013

New Yorks neue Parks und der Brooklyn Bridge Park
– Referenzen für das regionale Management des Emscher Landschaftspark _ 07

08

_Podiumsdiskussion

Emscher Landschaftspark weitergedacht

Moderation: Prof. Dr. Bernd Sures Uni Duisburg-Essen

Diskussionsbeteiligte:

Dr. Emanuel Grün EGLV
Ulrich Carow RVR
Karl Jasper MBWSV
Simone Raskob Stadt Essen
Martin Lindner Stadt Herten
Carsten Tum Stadt Duisburg
Prof. Dr. Hans Peter Noll RAG MI
Prof. Dr. Hans Peter Rohler Hochschule OWL
Prof. Dr. Jörg Dettmar TU Darmstadt

Prof. Dr. Bernd Sures_ Derweil alle ihren Platz suchen, werde ich Ihnen namentlich alle Leute auf dem Podium vorstellen. Wir freuen uns, dass Herr Carow, vom RVR, Bereichsleiter Umwelt, hier ist. Herr Dr. Grün vom Vorstand der Emschergenossenschaft., Frau Raskob, die ich recht herzlich begrüßen möchte, Umweltdezernentin der Stadt Essen, Herr Lindner, Stadt Herten, erster Beigeordneter und Stadtbaurat, Herr Tum, Stadt Duisburg, Beigeordneter, der das Stadtentwicklungsdezernat leitet.  Ich freue mich, dass Herr Professor Noll da ist von der RAG Montan Immobilien GmbH. Herr Jasper vom Ministerium für Bauen, Wohnen, Stadtentwicklung und Verkehr des Landes NRW sei ebenfalls herzlich begrüßt. Und abschließend zwei Vertreter von KuLaRuhr, Herr Professor Dettmar und Herr Professor Rohler. Der Verlauf der Podiumsdiskussion ist so gedacht, dass wir zunächst einige Aspekte mit unserem Podium andiskutieren möchten und am Ende gerne auch mit dem gesamten Publikum diskutieren möchten.
Die erste Frage richtet sich an unsere Podiumsteilnehmer und -teilnehmerinnen aus den Städten, die bislang noch nicht zu Wort gekommen sind. Sie haben jetzt viel darüber gehört, was die Wissenschaftler von KuLaRuhr an Erkenntnissen gewonnen haben. Für uns wäre wichtig zu wissen, wie sie diese Ergebnisse auf städtischer Ebene sehen? Ist das für Sie von Interesse? Frau Raskob, vielleicht mögen Sie anfangen.

Simone Raskob_ Ja, vielen Dank. Ich versuche einfach mal den Einstieg. Ich denke, dass vermutlich die meisten, die jetzt hier auf der Veranstaltung dabei sind wünschen, dass ein Dialog zwischen Theorie und Praxis zum Emscher Landschaftspark verstetigt wird. Dass die Erkenntnisse in die tägliche Praxis im kommunalen Bereich einfließen, dazu hat sicherlich KuLaRuhr beigetragen. Und aus meiner Sicht ist es schon spannend, wie das jetzt weitergeht, nach dem Ende dieses Forschungsvorhabens. Wir haben natürlich bestehende Netzwerke, interkommunale Netzwerke, wo wir auch intensiv unter Federführung des RVRs zusammen sind. Gerade was das Thema der nachhaltigen Pflege und Unterhaltung des Emscher Landschaftsparks angeht. Das ist ja etwas, was uns Kommunen im  Augenblick sehr betrifft. Es wird zwar nicht immer gerne gehört, aber wir haben immer weniger Ressourcen, was Personal angeht, aber auch Finanzressourcen und da sollten wir in der Pflege im Parkmanagement sicherlich auch Synergien nutzen und nicht jeder alleine handeln.

Prof. Dr. Bernd Sures_ Direkt noch eine Nachfrage. Sehen Sie Möglichkeiten, aus den hier vorgestellten Ergebnissen, z.B. in Bezug auf die Biomassenutzung, einen Beitrag zur Deckung der Pflegekosten in den Kommunen zu generieren?

Simone Raskob_ Also die Kommunen nutzen ja schon Biomasse, ganz unabhängig von den Erkenntnissen durch KuLaRuhr, die sicherlich wertvoll sind. Und es ist inzwischen auch wirtschaftlich sehr interessant, gerade im Bereich Holz, Baumfällungen bzw. Restbiomasse. Im Wald erzielen wir heute bis zu 60 % günstigere Ausschreibungsergebnisse, da die Unternehmerseite die Verwertung der Biomasse aus dem Holzbereich bereits in die Angebotspreise mit einstellt. Also die Entwicklung des Holzpreises, wenn man jetzt von den Sturmschäden durch "Kyrill" absieht, da war das eine Zeit lang mal ein bisschen schwieriger, ist ja steil nach oben gegangen. Die Verwertungskette der Biomasse, angefangen von den Grünabfällen in den Grünanlagen, wo das dann in der Regel als Mulche in den großen Parkanlagen, z.B. im Grugapark in Essen, verwendet wird, bis hin dazu, dass die EBE, unser Entsorgungsträger, tatsächlich auch Holz energetisch verwertet und dies nicht mehr irgendwo abgelagert oder verbrannt wird, bis hin eben zu den Ausschreibungen bei unserer jährlichen notwendigen Durchforstungsmaßnahmen im Wald, führen zu wirtschaftlich nachhaltigen Deckungsbeiträgen. Also Biomassenutzung hat auch eine klare wirtschaftliche Option.

Prof. Dr. Bernd Sures_ Herr Lindner, Herten ist als Stadt im Rahmen von KuLaRuhr zwar nicht direkt beforscht worden, trotzdem die Frage: Wie sehen Sie die Ergebnisse von KuLaRuhr, soweit Sie dies heute mitbekommen haben, aus der Sicht Ihrer Stadt?

Martin Lindner_ In unserer Stadt ist der Umgang mit dem Emscher Landschaftspark ein zentrales Element der Entwicklung. Wir haben in Herten, unter dem Stichwort „Grüne Stadt", eine Stadtentwicklungsstrategie angelegt, die das Prinzip aufgreift, mit der Entwicklung von Landschaft, Stadtentwicklung zu betreiben. Das heißt, die Entwicklung des Freiraums als Impuls für die Entwicklung der Quartiere, für die Entwicklung der Gewerbeflächen, letzten Endes auch für die Entwicklung des kulturellen Lebens, des wirtschaftlichen Lebens, in der Stadt zu verstehen. Diese Strategie ist natürlich eingebettet in das regionale Geschehen. Unsere örtliche Erfahrung zeigt: Landschaftsprojekte wie etwa der Landschafts-

park Hoheward im Hertener Süden leisten enorme Impulse für die Stadtentwicklung, weil sie beispielsweise die qualifizierte Nachfolgenutzung eines Zechengeländes und die Erneuerung eines Stadtteils erst ermöglichen. Auf die Region bezogen heißt das, dass der aktiven Entwicklung des Freiraums, als Voraussetzung für einen erfolgreichen Strukturwandel der Metropole Ruhr, eine ähnliche Bedeutung zukommen sollte.

Und ich stelle jetzt die Frage an KuLaRuhr, in wieweit muss nicht auch ein Zusammenspiel gebildet werden mit anderen Prozessen, die wir zurzeit in der Region diskutieren; beispielsweise mit der Regionalplanung im Ruhrgebiet? Es gab einen Ideenwettbewerb einschließlich der Formulierung eines Entwicklungsleitbildes. Aber unsere Diskussionen über die weitere Entwicklung des Emscher Landschaftsparks stehen, jedenfalls nach meiner Wahrnehmung, noch nicht im Zusammenhang mit diesem Ideenwettbewerb und der Frage, welcher Grundstrategien verfolgen wir denn für das Ruhrgebiet insgesamt? Ist nicht auch im Rahmen der Regionalplanung dieses Grundprinzip zu verankern, das wir seit der IBA Emscher Park verfolgen, Freiraum als den Entwicklungsmotor für die Stadtentwicklung in verschiedenen Aspekten zu verstehen? Bietet das nicht die Möglichkeit, sich auf eine Grundstrategie in der Entwicklung des Ruhrgebietes, also des gesamten Raumes, zu verständigen? Man muss sich in der Regionalplanung, wenn man Wirkungen erzielen will, auf drei, vier Grundstrategien für die regionale Entwicklung verständigen. Dazu könnte die Entwicklung des Emscher Landschaftspark gehören. Dies würde wiederum korrespondieren mit dem, was wir in der Stadt Herten mit unserer Stadtentwicklung verfolgen.

Prof. Dr. Bernd Sures _ Vielen Dank für Ihren Beitrag und die Frage. Ich würde sie direkt an Herrn Dettmar weitergeben wollen.

Prof. Dr. Jörg Dettmar _ Also ich glaube schon, dass man die Fäden zusammenknüpfen muss. Und ich habe auch Vertrauen zum RVR, als eine Institution, wo die Regionalplanung jetzt verantwortlich etabliert ist und den anderen Strängen im RVR, die sich um den Emscher Landschaftspark kümmern, dass sie dies schaffen. Manchmal hat man, da gebe ich Ihnen Recht Herr Lindner, den Eindruck, dass die Besonderheit des Emscher Landschaftsparks bei den Regionalplanern

im RVR noch nicht so angekommen ist. Dass sie noch nicht wirklich verstanden haben, dass das etwas anderes ist als die restlichen Grünzüge des Ruhrgebietes. Das kann man an vielerlei Merkmalen begründen. Die Emscher Zone ist der am stärksten durch die Industrialisierung gebeutelte Teil gewesen und es müsste eigentlich nachvollziehbar sein, dass die grüne Investition hier vermutlich andere Notwendigkeiten hat als die Entwicklung des Ruhrtals oder des Nordrandes des Ruhrgebietes. Aber ich bleibe zuversichtlich, weil ich daran glaube, dass die Abteilungen im RVR miteinander reden.

Prof. Dr. Bernd Sures _ Herr Carow bestätigt. Und seitens der Wissenschaft aus KuLaRuhr wäre noch zu erwähnen, dass wir uns auch aktiv in dem Prozess der Regionalplanerarbeitung eingebracht haben und die verschiedenen Wettbewerbsbeiträge mit andiskutiert und kommentiert haben. Also zumindest sind wir in dem Dialogprozess tatsächlich aktiv involviert. Vielleicht noch eine weitere Frage an einen Vertreter der Städte. Herr Tum, wo sehen Sie für sich die stärkste Interaktion mit dem, was wir Emscher Landschaftspark nennen? Wo sehen sie für Duisburg den unmittelbaren Profit?

Carsten Tum _ Also das ist natürlich, aus dem Rückblick auf die letzten 20 Jahre, relativ einfach zu beantworten, wenn man sich den Landschaftspark Duisburg Nord anschaut. Wenn man sich die Landmarke Tiger & Turtle oder den Ruhrtalradweg vorstellt. All die neu geschaffenen Vernetzungen und Verknüpfungen über die Grünzüge, die wir zu den Nachbarstädten haben. Das sind Ergebnisse der regionalen Arbeit an einer Metropole Ruhr, an einem Emscher Landschaftspark, an dem Netzwerk, was wir hier aufgebaut haben, was über viele Jahre gewachsen ist. Die Kollegen, die sich bei der IBA Emscher Park zusammengesetzt hatten, haben sich hinterher bei der Kulturhauptstadt zusammengesetzt, arbeiteten auch bei „städteregion ruhr 2030" zusammen, und das setzt sich fort. Also dieses Netz, was wir hier haben, bildet einfach eine Grundlage dafür, auch gemeinsame Dinge in Angriff zu nehmen, zu der eine einzelne Stadt, gar nicht in der Lage wäre. Damit wird ein Mehrwert generiert, der auf die gesamte Region Ruhrgebiet ausstrahlt. Und dies stellt das Ruhrgebiet in ein ganz anderes Licht, was wesentlich dafür ist, dass ein anderes Image erzeugt wurde. Ich denke immer noch gerne an die Schlusspräsentation der IBA Emscher Park im Jahr 1999 zurück, wo wir mit vielen Bussen durch die Region gefahren sind, um die Projekte zu besichtigen. Ich würde mir wünschen, solches wieder zu tun, in regelmäßigen Abständen, damit über unsere Region weiter positiv geredet wird. Viel mehr positiv geredet wird, weil wir oftmals viel zu selbstkritisch sind und gar nicht so sehr betonen, was wir eigentlich alles schon geleistet haben und das ist sicherlich auch eine Botschaft die die Stadt Duisburg betrifft. Wir sind der westliche Rand des Emscher Landschaftsparks, wir haben einen selbstkreierten Grünzug Rhein, an den wir noch weitere Projekte mit angedockt haben.

Wir haben erst gestern einen Spatenstich für diesen Grüngürtel in Bruckhausen gehabt. Dies ist auch ein wichtiges Thema des Emscher Landschaftsparks - der Umgang mit Landschaft im Zusammenhang einer schrumpfenden Stadt. In Bruckhausen bedeutet dies, 150 Häuser in der unmittelbaren Nachbarschaft zur Industrie abzureißen und dafür einen neuen Park zu errichten. Auch das ist Grün, auch das ist Stadtlandschaft, auch das ist Ruhrgebiet. Es geht auch hier darum, das Grün zum wesentlichen Bestandteil der Stadtentwicklung zu machen und damit auch den Menschen die Möglichkeit zu geben, attraktive Freiräume zu nutzen. Urbanität und Landschaft miteinander zu verknüpfen, dass ist das, was ich aus dem Emscher Landschaftspark sicherlich auch in die Zukunft mitnehme.

Prof. Dr. Bernd Sures_ Vielen Dank Herr Tum. Herr Jasper, Sie haben gehört, das war eine flammende Rede für den Emscher Landschaftspark, die wir jetzt gerade gehört haben. Vielleicht mal die Frage nach Düsseldorf zur Landesebene. Wie stellt man sich da zu dem Emscher Landschaftspark und der Frage, wie gut können wir hier Zukunftsthemen der Stadtentwicklung mit dieser Region verbinden? Schlagworte dazu sind in den Vorträgen heute einige gefallen. Wie ist Ihre Meinung dazu?

Karl Jasper_ Lassen Sie mich dazu Folgendes sagen. Christoph Zöpel hat mit der Schrift „Ökologische Stadt" ‚1984 die Grundlagen dafür gelegt, was man heute „Grüne Stadt" nennen würde. In der Zeit sind die Fundamente dafür gelegt worden, dass Stadtentwicklung ohne Freiraum gar nicht denkbar ist. Das hat in den historischen Stadtkernen, mit den Wall- und Grabenzonen, eine Rolle gespielt und das war der Impuls auch für die internationale Bauerstellung Emscher Park. Der Emscher Landschaftspark ist ja letztendlich ein Produkt der Stadtentwicklung aus Düsseldorf, in dem man auf die Pläne von Robert Schmidt

Diskussion _ 08

aus 1926 zurückgegriffen hat und dann das Gewässersystem in den Ost-/Westgrünzug, im Zusammenhang mit dem Emscher Umbau als Kern dieses Emscher Landschaftspark mitentwickelt hat. Als Zeitzeuge kann ich sagen, das war eine harte Auseinandersetzung. Und wenn Dr. Grün heute hier ein Erfolgsprojekt des Ruhrgebiets schildert, das sich als großes Investitionsvorhaben, von allen großen Investitionsvorhaben in der Republik dadurch positiv unterscheidet, dass man sogar im Zeit- und Kostenrahmen bleibt, dann zeigt das allerdings auch, dass in der Region durchaus der Wert erkannt wurde.
Was mir an den Vorträgen heute aufgefallen ist, es hat nur einer von der Schönheit der Landschaft gesprochen. Karl Ganser hat damals gesagt:" ... die Menschen in dieser Region haben ein Anspruch auf Schönheit." Derjenige, der das gesagt hat, war Herr Born. Nämlich, die Landschaftsästhetik, das Nützliche mit dem Schönen verbinden. Was mir fehlt, ist die Baukultur in diesem Bereich. Vielleicht haben sich schon zu viele damit zufrieden gegeben wie der Stand der Entwicklung geworden ist, seit IBA und Kulturhauptstadt. Also ich kann nur appellieren, macht da weiter und Herr Carow hat ja auch auf den aktuellen Antrag „Wir sind Welterbe" zur Erweiterung des UNESCO Welterbes im Ruhrgebiet hingewiesen. Das gehört alles zusammen.
Die Formel „Kooperation und Eigensinn", die in Zusammenhang mit der „städteregion ruhr 2030" entwickelt wurde, ist, glaube ich, die richtige. Das sollten Sie auch bei allen organisatorischen Überlegungen für den Emscher Landschaftspark bedenken. Macht keine neue Überorganisation. Nehmt diejenigen mit ihren Fähigkeiten und Fertigkeiten, die da sind, und gewinnt sie als Organisation mit den Personen und Unternehmen, die Spaß daran haben, diese Region weiter positiv zu entwickeln. Und wenn es gelingt neue Wege zu gehen, um das große Thema der Pflege- und Unterhaltungskosten für Grünflächen auf kreative Weise anzugehen, etwa in

der Art und Weise, wie wir es bei dem Beispiel aus New York gehen haben - also auch einnahmeschaffende Infrastrukturen zu gestalten - dann hätten wir ein paar Sorgen weniger. Dann könnten wir aus der Sicht des Landes den Vertrag mit dem RVR zur Unterstützung der Pflege von Leuchtturmprojekten im Emscher Landschaftspark 2016 vielleicht sogar auslaufen lassen und bräuchten uns, über Pflege und Unterhaltung zumindest aus Landessicht nicht mehr zu kümmern. Ich glaube allerdings nicht daran. Ich halte das für unrealistisch. Alle die Städte, die Landesgartenschauen oder Bundesgartenschauen durchgeführt haben wissen, welche Folgekosten sie heute noch im Stadtsäckel zu bewältigen haben. Deshalb muss man natürlich Ideen entwickeln, wie man damit richtig umgeht. Aber ich glaube nicht, dass das ohne weitere Unterstützung durch die Kommunen, durch RVR und Emschergenossenschaft, Straßen NRW und die anderen Partner gelingen kann. Wenn dazu neue Überlegungen, zum Beispiel aktuelle von der Bundesanstalt für Arbeit wieder Beschäftigungsmöglichkeiten zu eröffnen, mit integriert werden können, ist das für die Region vielleicht ein Segen. Für die neue Tranche der EU-EFRE Förderung, verweise ich auf die Verantwortung der Region. Achtet darauf, dass man aus dem Ruhrgebiet nicht Teilregionen macht, mit Niederrhein, mit Emscher Lippe, mit östlichem Ruhrgebiet. Sondern achtet darauf, dass es immer noch eine Region ist, die sich hier gemeinsam entwickelt hat und die viele Gemeinsamkeiten noch durchaus weiter entwickeln sollte.

Sures_ Herzlichen Dank, Herr Jasper, für diese klar formulierten Apelle. Es waren ja durchaus mehrere, die wir hören konnten. Trotzdem möchte ich zwei Sachen herausgreifen. Sie haben jetzt gerade nochmal, dankenswerterweise, den Begriff Schönheit erwähnt und auch nochmal den Begriff Ökologie. Ökologie haben wir heute häufiger gehört. Schönheit, da haben Sie genau aufgepasst, nur einmal. Ein wichtiger Faktor fehlt natürlich hier in diesem Zusammenhang zwischen Ökologie und Schönheit, und das ist die Ökonomie. Und das heißt, hier wäre auch die Frage zu stellen, welche Bedeutung der Emscher Landschaftspark hat für die Standortentwicklung auch bei der Entwicklung weiterer Siedlungsflächen, weiterer Gewerbeflächen. Wie attraktivierend ist denn diese Grüne Infrastruktur? Und diese Frage würde ich gerne an Herrn Noll, als Vertreter der RAG, richten.

Prof. Dr. Hans Peter Noll_ Meine Damen und Herren, ich möchte das gerne aufgreifen. Als Kind des Ruhrgebiets, als Akteur des Wandels und als Immobilienmensch ist für mich der Emscher Landschaftspark weit mehr als grün, Wasser und Freizeitnutzung, sondern ist es, das Verbinden von Stadträumen. Es ist ein wichtiges Thema auch der Wirtschaft, weil völlig neue Lagen entstehen. Also die Emscher war einmal die Kloake des Ruhrgebiets, davon hat man sich bei der Orientierung der Grundstücke abgewandt. Aus der immobilienwirtschaftlichen Sicht waren dort die niedrigsten Grundstückspreise. Ich glaube, das wird sich in  den nächsten Jahren, Jahrzehnten, dramatisch wandeln, nämlich zum Positiven, die Preise werden steigen. Das heißt, ich weiß ja vor wem ich das jetzt alles gerade sage, der Emscher Landschaftspark muss auch ein Thema der Wirtschaftsförderer werden. Ich bin froh, dass wir wenigstens von der Wirtschaftsförderung Gelsenkirchen jemanden hier haben. Das heißt, es muss ein viel breiter angelegtes Thema werden, dass wir das als Chance für das gesamte Ruhrgebiet auch begreifen. Es muss aus der grünen Nische raus. Und deshalb glaube ich, neben Planern, Baudezernenten, Planungsdezernenten gehören die Wirtschaftsförderer dazu, da gehört die Wirtschaft dazu und da gehören noch viel mehr Akteure dazu. Es ist bereits eine Lebensader für das mittlere Ruhrgebiet und damit als Rückgrat für das gesamte Ruhrgebiet ein Thema.
Wir haben jetzt viele Projekte als Grundstückseigentümer in der Entwicklung in der Emscher-Lippe-Region und im Bereich des Emscher Landschaftspark. Ich kenne viele Grundeigentümer, Immobilienbesitzer und dergleichen und die müssen mit an den Tisch. Das muss allerdings auch organisiert werden, dass wird sich nicht von alleine einstellen. Und von daher sehe ich, um auf Ihre Eingangsfrage zurückkommen, das Thema als eine riesen Chance, auch für die Wirtschaft und damit für die gesamte Region.
Und als letztes will ich nochmal einen Punkt aufgreifen, die Frage der Grünflä-

chenpflege. Natürlich sind neue Ideen, um zusätzliche Einnahmen zu generieren notwendig, das halte ich schon für den richtigen Weg. Aber dies löst nicht alle Probleme, die wir mit öffentlichen Grünflächen haben. Wir müssen uns alle gemeinsam mit der Frage beschäftigen, wie wir mit massivem Vandalismus umgehen. Wir erleben das tagtäglich. Gerade haben wir in Oer-Erkenschwick ein kleines Quartier entwickelt. Die soziale Infrastruktur auf den Standort hat einen Mehrgenerationsspielplatz sinnvoll erscheinen lassen. Eine Woche nach der Eröffnung mussten sie den Platz wieder schließen. Mittlerweile gibt es auch Anwohnerproteste. Also da muss sehr konkret überlegt werden, wie geht man damit um. Nur zu sagen, wir bauen das und die Menschen nutzen das, das klappt schon irgendwie, wird nicht reichen. So viel erst mal am Anfang.

*Prof. Dr. Bernd Sures*_ Vielen Dank Herr Noll. Wir brauchen also eine Koalition von vielen Akteuren, die diese Lebensader „Emscher Landschaftspark" auch gemeinschaftlich vertritt. Wir haben jetzt verschiedene Protagonisten, die in diesem Raum sehr aktiv tätig sind, gehört. In diesem Kreis fehlen jetzt noch der RVR und die Emschergenossenschaft. Wenn man sich jetzt vorstellen würde, wir bauen ein großes Konsortium für den Emscher Landschaftspark mit vielen, die dort mitmischen. Ist sowas überhaupt eine realistische Chance, Herr Grün? Kommen wir da weiter?

*Dr. Emanuel Grün*_ Also zunächst einmal haben wir hier im Ruhrgebiet keinen vergleichbaren Ansatz wie wir ihn vom Brooklyn Bridge Park in New York kennengelernt haben - ich bin da ein bisschen neidisch geworden.
Ich denke, wir sollten das, was wir realistisch umsetzen können, auch realistisch betreiben. Und jeder, der Verantwortung trägt, sollte erst mal seinen Job möglichst gut machen. Wir versuchen das jedenfalls seit einigen Jahren beim Umbau des Emschersystems. Ich habe versucht, das in meinem Vortrag darzustellen und weiß, dass alle anwesenden Vertreter der Städte ebenfalls sehr hart daran mitwirken, dass der Umbau gelingt. Wir sollten unser Licht nicht unter den Scheffel stellen. Wir sollten uns bewusst sein, dass wir nicht nur Verantwortung tragen, sondern auch große Kompetenz haben, solche wichtigen oder schwierigen Themen wie den Emscher-Umbau oder die Entwicklung des Emscher Landschaftsparkes anzugehen. Denn der Strukturwandel, der das Revier seit Jahren begleitet, der ist nicht ohne, und der sucht auch seinen Vergleich in Europa. Aber wir haben hier noch gewaltige Metamorphosen zu bewältigen. Für Flächeneigentümer, z.B. wie die RAG, bedeutet dies, sehr große Potentiale liegen noch brach.
Und wenn Sie mich fragen, ist das realistisch, dass man das stemmen kann? Sage ich klar, das können wir. Man muss aber diese guten Ideen haben und man muss diese Ideen weiter entwickeln. Da haben die Professoren auch bei KuLaRuhr hier einen wesentlichen Anteil; dass sie Themen anstoßen, uns den Spiegel vorhalten, dass sie auch mal Dinge formulieren, die wir dann in den KuLaRuhr-Beiratssitzungen - manchmal auch sehr kontrovers - diskutieren. Wo wir uns fragen, wie denn diese neuen Ideen umzusetzen sind. Das heißt aber nicht, dass man den Versuch, neue Wege zu gehen, nicht wagen sollte. Am Ende denke ich, und das habe ich in meinem Vortrag mehrmals erwähnt und Herr Noll hat es

gerade auch noch einmal angesprochen, geht alles nur unter dem Aspekt, dass Entwicklungen wirtschaftlich gestaltbar sein müssen. Und es sollte hinterher eine echte Win-Win-Situation entstehen. Das gilt insbesondere für große Projekte. Sie haben von 34 Hektar Fläche beim Brooklyn Bridge Park gesprochen, von 360 Millionen Dollar Invest, das heißt ein Hektar für ungefähr 10 Millionen Dollar. Ich weiß nicht, Frau Raskob, ob für einen Hektar bei Ihnen im städtischen Grünflächenbereich jeweils 10 Millionen Euro investiert wurden? Wenn man das will, dann darf man nicht nur auf öffentliche Fördermittel setzen. Da müssen auch Investoren hier ins Ruhrgebiet gelockt werden, die sagen, da setze ich auf diese Karte. Und selbst wenn der Wechsel erst in fünf, zehn oder zwanzig Jahren eingelöst wird, mein „Return of Invest", der kommt dann später.

Das wäre meine Strategie, wie wir das Revier weiter bringen können. Ich glaube keiner hier am Tisch, ich nehme das mal für mich in Anspruch, hat hier ein Konzept, das sofort umsetzbar ist. Alle versuchen das Beste und das werden sie auch weiterhin tun. Und vielleicht gelingt es dann, um Ihre Frage zu beantworten, dass wir auch solche qualitativ hochwertigen Dinge schaffen. Ich schließe mich Herrn Jasper an, der Qualitäten fordert. Da kann man immer darüber streiten, aber die müssen da sein. Etwas Hingehuschtes hat keinen Bestand. Ein Emscher-Umbau für 500 Millionen Euro wäre nicht möglich, nachhaltig nicht leistbar, den die Menschen und die Region mit Wohlwollen begleiten würden.

Prof. Dr. Bernd Sures_ Vielen Dank Herr Grün. Herr Jasper unmittelbar dazu.

Karl Jasper_ Ja, ich wollte direkt auf Folgendes hinweisen. Manche Bilder, die wir gesehen haben, würden Sie ohne die unternehmerischen Entscheidungen von Wohnungsunternehmen, gar nicht bekommen. Am Phoenix-See in Dortmund-Hörde, genauso wie hier in Essen, sind es Wohnungsunternehmer die aktiv handeln. Das städtische Bochumer Wohnungsunternehmen investiert jährlich fast 25 Millionen Euro nur in den Bestand hinein. Alle legen sehr viel Wert darauf, dass sie ihre Wohnungen als integrierten Bestandteil in dieses gesamte Geflecht der Stadtlandschaft hinein investieren. Und das zweite ist, die Idee des Emscher Landschaftspark, des Freiraums in der Stadt, hängt auch immer damit zusammen, den Menschen den Freiraum als Erholung- und als Freizeitraum zu gestalten. Und nur um ein besonders positives Beispiel zu nennen, den Schacht Franz in Hamm, der mit Jugendlichen gestaltet worden ist, da ist kein Vandalismus. Weil man es verstanden hat, mit den Menschen, für die gebaut wird, mit denen zu bauen und nach ihren Plänen zu bauen. Also das ist, glaube ich, auch noch für viele eine Anstrengung, dass man die mitnimmt, für die gebaut wird und nicht, dass man da etwas hinsetzt und seht zu wie ihr damit klar kommt. Und die Emschergenossenschaft hat das mit dem Blauen Klassenzimmer ja durchaus gezeigt, dass man auch als große Organisation mit kleinen Menschen gut arbeiten kann. Und ich glaube, dass sollte nochmal der Appell sein, hier müssten eigentlich auch Vertreter der Wohnungswirtschaft mit an den Tisch, denn sie sind letztendlich diejenigen, die hier auch investieren und die das Landschaft- und Stadtbild mitprägen.

Prof. Dr. Bernd Sures _ Herzlichen Dank Herr Jasper. Mit der Bürgerbeteiligung haben Sie einen ganz wichtigen Punkt aufgerufen. Wenn ich Projekte am Bürger vorbei mache, dann geht das oft schief, davon haben wir in jüngster Zeit genügend Beispiele gesehen. Aber was heißt das für den Emscher Landschaftspark? Herr Carow, was würden Sie sich wünschen? Wie könnten wir sozusagen noch stärker die Region in den ELP einbinden? Der RVR als Träger des Emscher Landschaftspark ist ja oft auch mit allen möglichen Kritikpunkten konfrontiert, die sicherlich nicht immer zutreffend sind.

Ulrich Carow _ Wenn Sie gestatten, bevor ich die Antwort auf Ihre Frage gebe, würde ich noch zwei Bemerkungen loslassen. Erstens, Herr Jasper hat zwar kritisiert, dass die Schönheit nur einmal vorgekommen ist, ich glaube aber, es gehört mittlerweile zum Selbstverständnis, des ELPs und seiner Organisation, dass Ästhetik immer ein Bestandteil aller Projekte ist. Und insofern sagen wir es nicht mehr allzu laut, sondern setzen es um und machen es. Wo wir dann, und das ist jetzt aus der Praxis gesprochen, Probleme haben, ist auf lange Frist, diese Qualität auch zu erhalten. Wir merken ja durchaus, dass die Investitionskosten das eine sind, und da kriegen wir durchaus ja auch Mittel aus dem europäischen- und aus den Landesfördertöpfen, aber bei den Unterhaltungskosten sieht das anders aus. Und insofern sind wir in dieser Region nun mal leider, ich sage das jetzt nicht als
Entschuldigung, sondern schlicht und einfach als realistisch denkender Mensch, auch ein bisschen gebeutelt, denn gute Qualitäten und besondere ästhetische Merkmale, die wir in den Projekten haben auf Dauer zu erhalten, dazu braucht es natürlich Finanziers. Und, zweiter Hinweis aus der Praxis, mir schwebt schon seit langem vor, Umsätze, die wir mit den Flächen z.B. über Veranstaltungen generieren, tatsächlich auch in die Standorte wieder zu investieren. Und auch das ist kein böser Wille, wenn ich jetzt sage, die Rechtsgrundlage erlaubt uns das aber nicht bei öffentlich geförderten Projekten, weil wir bei sämtlichen geförderten Projekten Einnahmen, die wir auf diesen Flächen erzielen, grundsätzlich in der Höhe der Fördermittel, die wir durch das Land bekommen haben, abführen müssen. Das heißt, an der Stelle sind uns die Hände gebunden, sozusagen über ein vernünftiges Veranstaltungsmanagement auf den Flächen tatsächlich auch die Unterhaltungskosten zu refinanzieren. Das Einzige, was wir dann machen können, und dann ist es aber unverhältnismäßig, wäre, dass wir über die Verpachtung sozusagen eine Sonderpacht auflegen für den Veranstalter, damit uns wenigstens die Schäden ersetzt werden, die durch sein Einwirken auf der Fläche im Rahmen der Veranstaltung entstehen. Aber die generelle, die dauernde Unterhaltung dieser Flächen durch Veranstaltungen, können wir leider auf diesem Weg finanziell nicht regeln. Ich bin gerne bereit, mit Ihnen da auch nochmal gemeinsam nachzudenken, ob wir was ändern können. Aber das ist zumindest unser täglich Brot.
Jetzt versuche ich die Antwort auf Ihre Frage. Ich glaube auch, dass wir in der Vergangenheit, und das hat aber auch mit der Vielfältigkeit der unterschiedlichen

Partner und Akteure zu tun, das eine oder andere Bürgerinteresse vernachlässigt haben und ich würde mir in der Tat auch eher wünschen, dass die Wirtschaft nicht nur unser Gesprächspartner, sondern in Zukunft auch unser Parkpartner werden würde. In manchen Fällen ist es aber wirklich schwirig sich bei der Frage ‚Was sind denn wichtige Themen für diese Region?' zu einigen. Ich denke z.B. an das Thema Biodiversität. Dort haben wir vor einigen Jahren mal versucht, ein Projekt aufzulegen, das sich „Industrienatur im urbanen Ballungsraum" sozusagen für die gesamte Region nannte. Und da waren am Anfang durchaus Wirtschaftspartner dabei, die ihre Flächen mit einbringen wollten. Das Ganze sollte ein Naturschutzgroßprojekt werden, gefördert vom Bundesamt für Naturschutz in Bonn. Und im Laufe der Zeit, als klar wurde, dass diese Flächen dann aber einer späteren, möglicherweise gewerblichen Nutzung entzogen würden, haben uns die Partner diese Flächen ganz langsam, aber sicher, wieder unter dem Hintern weggezogen. Weil sie sagten, dass diese Flächen in ihrer Bilanz mit einem völlig anderen Wert stünden, als das was daraus hinterher gemacht würde.

Prof. Dr. Hans Peter Noll_ Wir hätten also einen Bilanzverlust, das können wir uns überhaupt nicht erlauben.

Ulrich Carow_ Das verstehe ich. Aber zweitens ist die Nutzung, für die Flächen jetzt vorgesehen sind, nicht „Natur auf Zeit", sondern eine dauerhafte Nutzung für den Naturschutz und damit wären den Gewerbebetrieben möglicherweise die Grundlagen entzogen, ihre Betriebe an genau diesen Stellen zu erweitern. Und das führt letzten Endes dazu, dass wir mit unterschiedlichen Vorstellungen in so eine öffentlich-gewerblich/industrielle Partnerschaft gehen. Und leider, obwohl die ersten Ansätze und der Wille wie auch die Bereitschaft intensiv mit uns zu reden da waren, steht man dann letzten Endes mit leeren Händen da. Das ist schade. Mein Wunsch wäre also, eine andere Verbindlichkeit in der Frage ‚Wie organisieren sich die Partner eigentlich in dieser Region auf Dauer' zu erzielen und wenn das über die Regionalplanung gelingen würde, beispielsweise wie Volker Lindner ja zu Recht sagte, so eine Art Leitplanken oder auf jeden Fall verbindliche Rahmenbedingungen zu schaffen, dann wäre ich der Erste, der da sagt, okay, da springen wir rein und man kann dann ein Verhandlungsergebnis mitnehmen, auf das man sich auch zukünftig verlassen kann. Die Beliebigkeit, mit der die Entscheidung, die mal getroffen wurde, auch immer mal umgelegt wird, die bringt uns an der Stelle leider nicht weiter.

Prof. Dr. Bernd Sures_ Vielen Dank Herr Carow, direkt dazu Herr Noll.

Prof. Dr. Hans Peter Noll_ Also ich verstehe Sie sehr gut. Ich meine, man muss allerdings wissen, dass der Zuschlag für das erwähnte Naturschutzgroßprojekt dann letztlich an das Saarland gegangen ist. Auch dort bringen wir, bezogen auf die Gesamtkulisse, ungefähr 60 % der Flächen ein.
Natürlich muss man als Eigentümer mit vielen Flächen auch überlegen wie man mit diesem Besitz umgeht, welche Vermarktungschancen bestehen, aber auch nach neuen Wegen suchen. So haben wir zum Beispiel die Idee entwickelt, einen

Biomassepark mit Stadtparkqualität auf dem ehemaligen Bergwerk Hugo und auch auf dem Gelände der Kokerei Hassel - beide in Gelsenkirchen - zu entwickeln. Es gibt da durchaus auch ein Zeitproblem. Wir brauchen dafür auch öffentliche Mittel, aber es dauert, einen Förderantrag zu erarbeiten. Das waren mit allen notwendigen Abstimmungen für die Planungen, glaube ich, zwei oder drei Jahre. Da tickt die Zinsuhr für den Eigentümer, auf so ein Grundstück bezogen. Also von daher, ich habe es ja selbst vorhin gesagt, die Eigentümer, die Unternehmen müssen an den Tisch. Bezogen auf die Wohnungswirtschaft sehe ich das ganz genauso wie Herr Jasper, aber es gibt noch viele andere Akteure. Und dann muss natürlich, wie Herr Carow gesagt hat, eine Verbindlichkeit herein. So und da muss man schon sehr genau schauen, was passt und was geht nicht. Aber die lange Dauer solcher Prozesse ist schon ein Thema. Dann muss man schauen, wie kriegt man Projekte hin, die man vielleicht in kürzeren Zeitabständen auf den Weg kriegt.

*Prof. Dr. Bernd Sures*_ Herr Jasper sagt zu Recht gerade, wie lange hat es denn in New York gedauert. Die Zeiträume sind so.

*Prof. Dr. Hans Peter Noll*_ Ja, nochmal, das bestreite ich überhaupt nicht. Ich weiß es ja selber. Unsere Standortentwicklung dauern auch drei, fünf, zehn, fünfzehn Jahre. Also nochmal, das ist nicht morgen stillgelegt und übermorgen ist die Neunutzung fertig.

*Prof. Dr. Bernd Sures*_ Vielen Dank, ich denke wir haben jetzt einige wichtige Dinge nochmal auf den Punkt gebracht. Eine weitere wichtige Idee könnte die Zwischennutzung auf den Flächen sein, deren Entwicklung sehr lange dauert. Das ist etwas, was wir als Forschungsergebnis aus KuLaRuhr nochmal gehört haben. Herr Dettmar hat darüber geredet. Also wir brauchen eine Zwischennutzung. Jetzt hören wir aber auch gleichzeitig, dass wir mit der Zwischennutzung sehr schnell auch irgendwelche Regularien betreffen, die uns dann Schwierigkeiten machen. Herr Dettmar, Ihr Kommentar dazu, wie realistisch eine Zwischennutzung bei diesen Randbedingungen sein kann?

*Prof. Dr. Jörg Dettmar*_ Das ist nicht einfach, schon klar. Es ist klar, dass die großen Grundeigentümer nicht einfach ein Großteil ihrer Flächen abschreiben können. Das ist schwierig, weil sie in den Büchern als Gewerbe- oder Industrieflächen stehen und sich bei der Umwandlung in Grünflächen eben diese Bilanzverluste ergeben. Aber warum ist es denn nicht möglich, sich auf einer regionalen Ebene mit den Städten, mit den Eigentümern zu verständigen, dass man sich auf eine Zwischennutzung ohne Umwidmung einlässt? Das geht nicht auf jeder Fläche, aber es geht, zumindest nach unseren Untersuchungen, auf einer ganzen Reihe von Flächen. Es setzt allerdings ein paar Sachen voraus. Eines der großen Mankos dabei ist die Altlastensituation. Der Haken liegt u.a. in der sogenannten Zustandsänderung. Wenn man z.B. plant auf einer Brache Biomasse anzubauen, dann werden die staatlichen Umweltämtern oder entsprechende kommunale Ämter aktiv und fordern Altlastenuntersuchungen. Ihr ändert den Zustand, da

muss also was mit den Altlasten passieren. Wir müssen eine Lösung dafür finden, wie dieses möglicherweise anders gemacht werden kann. Könnte diese Hürde beseitigt werden, wäre natürlich auch eine gewisse Investition in den Standort erforderlich, wenn man tatsächlich aktiv Biomasse produzieren will. Das lohnt sich auf manchen Standorten, auf manchen Standorten ist es weniger der Fall. Im Rahmen von regulären Entlassungen aus der Bergaufsicht bei Bergbauflächen ließen sich in der Vergangenheit Altlastensicherung und Bodenmanagement kombinieren. Durch die Möglichkeit, überschüssige nicht belastete Bodenmassen aus dem Bodenmarkt auf einer Fläche unterzubekommen, konnte man Geld verdienen. Diese wiederum konnte man nutzen für alternative Gestaltungen oder weniger rentierliche Nutzungen wie z.B. die Biomasseproduktion. Der Bodenmarkt ändert sich ständig, man muss also ein bisschen Flexibilität haben. Das Problem ist, bei allen neuen und innovativen Ideen für den Umgang mit Brachen, haben wir es mit einem Rattenschwanz von Zuständigkeiten zu tun, mit einzelnen Regelwerken, die für sich genommen alle super sind. Und jede Institution, die für die Einhaltung gesetzlicher Regularien verantwortliche ist, kämpft in aller ersten Linie dafür, dass diese Regel befolgt wird, weil das nämlich der Beleg dafür ist, dass man sie braucht. Will man das überwinden, braucht man einem regionalen Konsens. Da nützt es überhaupt nichts, wenn RAG alleine ankommt und eine gute Idee hat. Es nützt auch nichts, wenn die Stadt Herten alleine hingeht. Das nützt nur auf einer regionalen Ebene mit vielen Beteiligten. Das funktioniert in anderen Zusammenhängen ja bereits ganz gut, wie ich gelernt habe, z.B. mit der Perspektive für die Bergbau Folgestandorte 2018. Da hat die Region sich verständigt, verhältnismäßig schnell und zunächst informell.
Wir haben uns in KulaRuhr ja sehr konkret mit einzelnen Brachflächen beschäftigt, um deren Potentiale auszuloten. Ein schönes Beispiel ist die riesige Brache Emil Emscher im Essener Norden. Sie liegt seit Jahrzehnten brach, gilt als wichtiger Zukunftsstandort in der Stadtentwicklung, aber nichts passiert…

Prof. Dr. Hans Peter Noll_ Soll ich Ihnen sagen warum? Weil es den Neubau der A52 leider in absehbarer Zeit nicht geben wird und damit eine sinnvolle Erschließung der Fläche blockiert ist. Wir sind von Seiten der RAG seit Jahren dabei und würden gerne dort investieren. Es ist ein schönes Beispiel. Deswegen ist es ja gut, dass wir darüber reden. Ich könnte Ihnen allerdings zig weitere Beispiele in der Stadt, hier in der Region zeigen, wo wir investieren könnten, aber Rahmenbedingungen wie mangelnde Erschließungen dies verhindern. Zum Teil ist es ja so, dass die öffentliche Hand, ich verstehe das - ich bin selbst hier ein Bürger dieser Region, kein Geld hat, um die Infrastruktur für solche Standorte zu finanzieren. Dann finanzieren wir sie stellenweise vor, soweit sind wir ja mittlerweile. Aber ich glaube, wir kommen gerade vom Thema ab, deswegen, auf Emil Emscher bezogen, wollte ich noch sagen, dass man offensichtlich einen langen Atem braucht, dann wachsen halt zunächst mal die Pflanzen…

Prof. Dr. Jörg Dettmar_ Ja, das wäre ja in Ordnung, wenn die Menschen diese oder andere Brachen dann auch betreten könnten und die „Industrienatur" nutzen könnten. Aber da kommen dann gleich die Argumente im Hinblick auf

Gefährdungen und Verkehrssicherheitspflicht und die Flächen bleiben unzugänglich.

Karl Jasper_ Entschuldigung, das war im Rahmen der IBA Emscher Park der Grund für die Erfindung des Industriewald-Projektes mit Wald und Holz NRW. Weil im Wald geringere Verkehrssicherungspflichten bestehen, nach dem Landeswaldgesetz, geschieht das Betreten des Waldes auf eigene Gefahr. Man musste dann nur dafür sorgen, dass aus flächentypischen Risiken wie Altlasten, keine direkten Gefahren für die Benutzer des Waldes entstehen. Das ist z.B. auf dem Rheinelbe Gelände in Gelsenkirchen und an mehreren anderen Standorten gelungen. Allerdings ist das auch kein Allheilmittel für alle Arten von Zwischennutzung.

Martin Lindner_ Ich finde, wir kommen jetzt in der Diskussion an einen ganz interessanten Punkt. Für viele von uns ist der Emscher Landschaftspark in seiner Entwicklung, in seiner Historie und in der Wahrnehmung immer etwas, was durch die öffentliche Hand komplett „gemanaged" wird. Das bedeutet, in erster Linie Akteure wie der Regionalverband kaufen unter Einsatz von Fördermitteln Flächen, gestalten diese um und pflegen sie dann auch dauerhaft. Das ist der Emscher Landschaftspark in unserer Wahrnehmung und so haben wir es als Städte ja auch ganz gern, weil wir es nicht selbst bezahlen müssen, weil es durch Fördermittel unterstützt wird und weil wir uns um die Pflege dieser Flächen nicht kümmern müssen. Wir zahlen lediglich aus unseren Haushalten die Verbandsumlage des RVR. Aber aus dieser Falle müssen wir heraus.
Wir haben gerade in dieser Diskussion schon gespürt, an der Entwicklung der Landschaft haben verschiedene Akteure durchaus Interesse. Und das ist nicht ausschließlich die öffentliche Hand. Wenn ich in der Siedlungsentwicklung als Stadtplaner strategische Stadtentwicklung betreibe, dann gehe ich doch hin und identifiziere diejenigen mit denen ich zusammenarbeiten muss, um ein Projekt erfolgreich umzusetzen. Wer sind die Investoren in meiner Stadt? Wen gewinne ich für eine Innenstadtentwicklung, beispielsweise für ein Einzelhandelsprojekt? Wen gewinne ich für die Nachfolgenutzung eines Zechengeländes? Wenn ich mich jetzt als Stadtplaner strategisch mit Landschaftsentwicklung beschäftige, muss ich nicht genauso systematisch die Akteure identifizieren, die an dieser Entwicklung ein Interesse haben könnten?
Im Zuge der Wasserwirtschaft haben wir damit bereits begonnen. Herr Dr. Grün hat das eben vorgestellt. Integrierte Wasserwirtschaft führt letzten Endes dazu, dass man beispielsweise Geld für Abwasserbeseitigung, das man bisher für groß dimensionierte Regenwasserkanäle verbuddelt hat, jetzt für eine naturnahe Regenwasserversickerung nutzt. Man kann damit oberflächennah eine ganze Menge realisieren und nicht nur schön gestalten. Darüber hinaus kann man es aus Abwassergebühren finanzieren.
Ich will nochmal über einen anderen Aspekt sprechen, der im Zusammenhang mit unserem Stadtteilprojekten und Quartiersprojekten eine Rolle spielen kann. Bei dem Thema „Urban Gardening" haben wir häufig Beispiele wie die Prinzessinnengärten in Berlin im Auge. Es gibt aber auch andere Formen wie sie bei-

spielsweise die Hertener Bürgerstiftung betreibt, lange bevor der Begriff Urban Gardening überhaupt bekannt war. Die Bürgerstiftung betreibt urbane Landwirtschaft mit Jugendlichen, die in Beschäftigung gebracht werden müssen, die qualifiziert werden müssen. Bei dem öffentlich finanzierten Stadtentwicklungsprojekt handelt es sich durchaus um ein übertragbares Beispiel. Man kann Manufakturen angliedern, man kann Gastronomie angliedern, das findet alles dort statt. Auch damit kann man Stadtteilentwicklung betreiben. Wir können, und dazu haben wir in der neuen EU-Förderphase die Chance, vieles zusammenknüpfen, um damit im Ergebnis die Unterhaltung, die Pflege von Landschaft mit zu unterstützen und gleichzeitig weitere Ziele der Stadtentwicklung damit verfolgen. Ich will also, das wäre jetzt auch der Wunsch an den weiteren Prozess KuLaRuhr, dafür plädieren, strategisch ganz gezielt die Akteure zu identifizieren, die bei der weiteren Entwicklung des Emscher Landschaftsparkes und natürlich auch bei der Pflege der Grünflächen unterstützen können. Ich gebe Herrn Jasper recht: Nicht alles können private Bürger übernehmen, sondern vieles muss weiter durch die öffentliche Hand geregelt und finanziert werden.

Prof. Dr. Bernd Sures_ Vielen Dank für diesen Kommentar, der nochmal zeigt, dass wir die wichtigen Player identifizieren müssen. Das ist teilweise schon auf dem Weg. Auf der anderen Seite müssen wir dann auch geeignete Formen einer Zusammenarbeit finden. Wie kann man dies alles zusammenbringen und wie kann man eine gemeinsame Linie daraus stricken? Und da sehe ich, ehrlich gesagt, die größten Probleme. Ich möchte nochmal Herrn Carow fragen. Wie ist Ihre Vorstellung dazu? Wie können wir das schaffen? Ich unterstelle allen Anwesenden hier, dass sie etwas tun möchten, um die Region aufzuwerten, sonst wären wir nicht hier. Dass wir sozusagen ein Eigeninteresse daran haben, was nicht kommerziell ist, sondern was alle Gesichtspunkte berücksichtigt, inklusive Ästhetik, Ökonomie und Ökologie. Aber wie schaffen wir das, eine handlungsfähige Einheit zu schaffen, in der all diese Interessenslagen, Kompetenzen und Verantwortlichkeiten zusammen kommen?

Ulrich Carow_ Ich kann die Frage nicht allgemein beantworten. Ich kann sie in Hinblick auf ganz konkrete Projekte beantworten. Und da haben wir heute im Zusammenhang mit der Urbanen Landwirtschaft ein schönes Beispiel gehört, was zwar nicht aus privatwirtschaftlichem Engagement refinanziert wird, was aber einiges zusammengebracht hat. Ich meine den „Mechtenberg". Wir haben die Landwirtschaft mit einem vor Ort sehr regen und interessierten Bauern. Wir haben die Flächen - im Eigentum des RVR verpachtet an den Landwirt - die in dem Städtedreieck Bochum, Gelsenkirchen, Essen eine ganz wesentliche Funktion der Naherholung für die Bürger in der Umgebung haben. Hier wurde experimentiert mit der ästhetischen Qualität landwirtschaftlicher Flächen - gefördert mit Mitteln des Ökologieprogramms „Emscher Lippe". Wir haben eine sehr gute Radwegeinfrastruktur auf der ehemaligen Kray-Wanner-Bahn und damit eine gute Anbindung an die Siedlungen und Stadtteile. Für den Bauern hat es sich deshalb gelohnt einen Hofladen einzurichten, den er vorher gar nicht hatte. Wir haben dazu einen anspruchsvollen Naturschutz der Stadt Gelsenkirchen, die das benachbarte Naturschutzgebiet sehr hoch hält. Und wir haben mit der Verbindung zu einem benachbarten Hochpunkt und Landmarke, nämlich der ehemaligen Zeche Rheinelbe inklusive der Himmelstreppe, auch noch ein „Touristisches Merkmal", was regional durchaus auch Anziehungskraft hat. In diesem „Potpourri der guten Laune" haben wir es tatsächlich geschafft, das Nützliche mit der Schönheit zu verbinden, unter Integration einer normalen landwirtschaftlichen Nutzung. Aber wir haben auch gelernt, wenn man das mit der ästhetischen Aufwertung auf Dauer machen will, ist es dauerhaft ein Zuschussgeschäft und es gibt niemanden aus der Umgebung, der ein Interesse daran hätte, sich dort zusätzlich wirtschaftlich mit einzubringen. Außer dem Bauern selbst, weil der natürlich mit so einer Situation zusätzliche Kunden locken kann, zusätzliches Anbaumöglichkeiten schafft. Der macht übrigens mittlerweile auch Urbaning Gardening auf rund 70 Parzellen. Das kann man auch noch ausweiten, so dass dadurch neue Nutzer, neue Interessenten kommen und eine neue Nutzerstruktur entsteht. Zwischen der Himmelstreppe auf Rheinelbe und dem Bismarck Turm des Mechtensbergs bekommt man so eine regional wirklich gute Nummer hin. Und alle machen mit, da ist keiner dabei, der da ausscheren will.

So und jetzt versuche ich, das einfach zu übertragen auf einen Rahmen, in dem auch wirtschaftliches Interesse vorhanden ist. Und da gelingt es mir im Moment eben nicht, wie wir vorhin gehört haben, ein hochindustriell belastetes Grundstück in ein wirtschaftliches Interesse irgendeines Dritten oder Vierten zu kriegen und die Akteure dort alle dafür zu begeistern. Es kann ja nicht so laufen, dass die Industrie uns die Grundstücke abtritt, mit der Maßgabe, öffentliche Hand übernimm die Reinigung und Sauberkeit, und dann überlegen wir, wie das hinterher privatwirtschaftlich genutzt werden kann. Und dann sind wir auch bereit, euch was dafür zu bezahlen, aber nicht die Investition für die eigentliche Nutzbarmachung zu übernehmen. Und das macht es uns so schwer. Also mir scheint, es reicht nicht nur jemanden da hinzuführen auch mal ein bisschen Wald oder schnell wachsendes Gehölz anzulegen und hinterher hat das einen wirtschaftlichen Effekt. Wir haben gerade so ein bisschen gelästert. Wir wissen heute noch gar nicht, ob das Produkt, das was dort an Holz mal geschlagen wird, tatsächlich vermarktbar ist. Weil wir gar nicht wissen, in welchem Zustand das aufwächst oder welche Belastungen bestehen. Und ich wage jetzt schon einmal die Behauptung, eine Nachaufforstung wird deswegen nicht gehen, weil wir die Stubben gar nicht ziehen dürfen. Denn wenn wir die Stubben ziehen, ist es ein Eingriff in den Boden und der Eingriff in den Boden ist relevant für die Altlastenbetrachtung. Also machen wir uns doch nichts vor. Ich finde es ist alles prima, aber wir sind leider nicht in der Lage, im Moment mit den Akteuren gemeinsam diese Dinge so weit zu treiben, dass wir auch tatsächlich eine rentable - wohlgemerkt eine rentable - Aktivität hinkriegen. Und das ist das, was es uns so schwer macht.

Prof. Dr. Bernd Sures_ Vielen Dank Herr Carow. Herr Grün bitte.

Dr. Emanuel Grün_ Um nochmal auf Ihre Frage der Zusammenarbeit zurückzukommen; es gibt natürlich gute Beispiele und negative. Beides hat jetzt Herr

Carow angerissen. Der Kern ist doch wie können wir denn diese vielschichtigen Themen gemeinsam nach vorne bringen? Und die Themen sind alle benannt, die will ich jetzt nicht wiederholen. Aber wir haben ja ein zartes Pflänzchen. Das ist die Arbeitsgemeinschaft Neues Emschertal, die der Regionalverband Ruhr und die Emschergenossenschaft gegründet haben. Und dieses Pflänzchen müssen wir weiterentwickeln, gerade um solche Themen. Regionale, teilregionale Entwicklungen oder den ganzen Landschaftsraum weiter nach vorne zu bringen. Aktuell sind das vor allem die Aspekte Wasser und Grün, die dort abgearbeitet werden. Die Grundlage der Zusammenarbeit waren ja seinerzeit die beiden Masterpläne, einmal der Masterplan Emscher Landschaftspark und unser Masterplan Emscher. Ich bin überzeugt, die Zusammenarbeit lässt sich auch erweitern. Sie lässt sich erweitern mit Protagonisten aus den Städten, die aktiv mitwirken wollen. Vielleicht auch mit der Landwirtschaft, mit den großen Flächeneigentümern. Allerdings wird man nicht alle Probleme in so einer Kooperation lösen können. Aber die Erkenntnisse aus dem Forschungsprojekt KuLaRuhr, die teilweise in Projekten bereits umgesetzt werden und die vielen Ideen, die dort angedacht sind, die können dort weiterentwickelt werden. Und dann wird sich irgendwann die Spreu vom Weizen trennen. Das ist eine Idee, die scheint realisierbar zu sein und dann wird sich daraus auch was Großes entwickeln können. Das zu Ihrer konkreten Frage, wer könnte so etwas denn weiter nach vorne tragen? Ich sage, die Arbeitsgemeinschaft Neues Emschertal, das wäre ein Angebot.

Prof. Dr. Bernd Sures_ Vielen Dank für das Angebot. Das ist sehr bemerkenswert, natürlich dürfen sie ruhig klatschen (ins Publikum). Also das Projekt „Neues Emschertal" gibt es schon eine ganze Weile. Das haben wir gehört in dem Vortrag von Herrn Grün und hier jetzt zu überlegen, dass man vielleicht noch die eine oder andere Fassette hinzu nimmt, könnte ein großer Motor sein, um auch Entwicklungen weiter zu treiben und diese integrale Klammer tatsächlich zu leben. Ich würde gerne mal sehen, welche Fragen es im Publikum gibt. Ich hab sie die ganze Zeit vertröstet. Ich sehe auch schon die ersten Hände.

Wilhelm Schröder (Kommentar aus dem Publikum)_ Ja, Wilhelm Schröder von der Wirtschaftsförderung der Stadt Gelsenkirchen. Carsten Tum hat in dem Halbsatz gesprochen, wir schrumpfen. Und viele haben gesprochen, wir müssen die Stadt vom Freiraum herdenken. Freiraum wächst, Stadt schrumpft. Kann man das nicht mal umdrehen? Weil wir dieses Schrumpfen immer negativ besetzen und könnten doch auch sagen, wir wachsen an Qualitäten. Und wir wachsen, mit einer hohen Qualität, nämlich der Qualität, die in unterschiedlichen Arten und Weisen genutzt werden kann, im Sinne von mehr Grün, mehr Eigensinn und auch zur Eigennutzung, aber auch als Standortfaktor in unterschiedlichsten Zusammenhängen. Das sage ich auch bewusst als Wirtschaftsförderer, weil ich denke, wir reden auch über Nachhaltigkeit und über langfristige Perspektiven. Wir haben heute Morgen, oder irgendwann heute Mittag, so ein Zeitdiagramm gesehen. Am Anfang keine Zeche, irgendwann ganz viele Zechen, 2018 keine Zeche mehr. Das ist der Gang der Dinge, die so sein werden und bei denen wir auch nicht massiv gegensteuern können. Mein Plädoyer in dem Zusammenhang: Akteure weiter einbeziehen, als Wirtschaftsförderer muss ich meine Unternehmen, die ich habe, hegen und pflegen als Bestandsunternehmen. Wenn der ein oder andere auch wegen des Standortfaktors Grün in dieser Region kommt oder innerhalb der Region sich verlagert, was ja auch sehr positiv ist, dann ist das gut so. Ich kriege meine Bestandsunternehmen zu dem Thema, was wir besprochen haben, über konkrete Projekte mit rein. Die Zukunftsvereinbarung Regenwasser, 15 % Abkoppelung in 15 Jahren, das ist ein konkretes Projekt, da kann ich auf ein Unternehmen zugehen und kann sagen, hör mal, dass rechnet sich für dich. Das hat eben irgendjemand schon mal vorgerechnet. Ja, es rechnet sich für dich, du zahlst weniger Abwassergebühren. Unsere Leute von Gelsenkanal finden das auch prima, weil sie mit ihren Infrastrukturen ohne Ausbau zurechtkommen. Da gibt es noch viele andere Beispiele, wo ich über konkrete Projekte eine Zusammenarbeit schaffe.

Zweiter Punkt, und dann bin ich auch fertig, zum Thema Zwischennutzung von Brachen und der Frage, wie gehen wir denn mit den 40 Jahre lang brachliegenden Flächen um? Ich glaube selbst Sie, Herr Dettmar, hatten in Ihrem Vortrag das Gewerbliche Flächenmanagement Ruhr (GFM) erwähnt. Kennt der ein oder andere von Ihnen vielleicht? Ich habe das Vergnügen, da sehr intensiv mitzuarbeiten. Ich habe auch das Vergnügen, in der Städteregion 2030 und anderen Zusammenhängen mitzuarbeiten. Herr Jasper hat es bereits gesagt und das ist unbedingt richtig, macht nicht immer Neues, sondern schaut euch die bestehenden Zusammenhänge an, nutzt die informellen und auch die formalen Wege und macht jetzt nicht wieder was Neues. GFM Ruhr hat potentielle Gewerbeflächen unter Einsatz des GIP basierten Programms Ruhr Agis identifiziert, mit unterschiedlich starken Restriktionen für die Entwicklung. Bei leichten Restriktionen, da schauen wir z.B. ob wir uns die 20.000 Euro, die fehlen um ein Gutachten zu machen mit dem wir den Artenschutz besser gewährleisten können, nicht auch durch den Eigentümer finanzieren lassen können. Das kriegen wir hin und dann ist die Fläche hinterher schneller am Markt. Wir haben aber auch Flächen mit schwerwiegenden Restriktionen, die nicht marktgängig sind. Bislang war es üblich, trotzdem das Planrecht für eine Gewerbeflächenentwicklung aufrecht zu halten, vielleicht wird es ja doch irgendwann möglich dies zu entwickeln. Inzwischen sind wir soweit in der Region und sagen, okay, die Restriktion ist so schwerwiegend, aus welchen Gründen auch immer, Altlasten etc., etc… wir geben die Fläche zurück, die wird nicht mehr weiter für bauliche Entwicklungen vorgesehen, wenn eine Grünnachfolgenutzung kommt ist das super. Aber mit dem Blick in die Region weiß ich, eine andere Kommune z.B. Duisburg kann schneller eine Fläche für eine Ansiedlung mobilisieren. Und wir gucken mal, wie wir uns als Wirtschaftsförderer zwischen Gelsenkirchen und Duisburg einigen. Wir haben ein Unternehmen, wir schicken das jetzt zu euch und wir haben ja einen Gewerbesteuerpool, dann können wir uns da ein bisschen ausgleichen. Das funktioniert, ich glaube, es kann noch mehr gehen und es passiert teilweise mehr als wir wissen, untereinander. Ich glaube, dieser informelle Austausch zwischen den einzelnen Kommunen im Rahmen von GFM und 2030 ist fruchtbar. Herr Schwarze-Rodrian hat ja auch das Vergnügen, viele dieser Sachen zusammen denken zu dürfen. Ich unterstütze deshalb auch was schon gesagt wurde, macht nichts Neues, kümmert euch um das, was wir haben und vermittelt positiv, wir wachsen als Stadt von der Grünseite her.

***Prof. Dr. Bernd Sures*_** Vielen Dank Herr Schröder, an wen richten Sie die Fragen? Herr Tum ist für das Schrumpfen zuständig.

***Carsten Tum*_** Ich bin für das Schrumpfen zuständig, um Gottes Willen. Nein,  aber ich finde es einfach wichtig, dass Sie das noch mal hinsichtlich seiner positiven Aspekte betont haben. Ich dachte, ich hätte deutlich gemacht, dass uns der Umgang mit Freiraum im Ruhrgebiet besonders auszeichnet und wir darüber viel mehr positiv reden müssten. Die Realität ist viel besser, als das was nach außen getragen wird bzw. von außen gesehen wird. Die Chancen des Schrumpfens von Siedlungsflächen, meinte ich in Bezug auf den Grüngürtel, weil wir da einfach auch einen Bereich zurückgenommen haben, der nicht mehr wohnfähig, der nicht mehr nutzbar war. Und wir haben das aus der Sicht vieler Beteiligter, Notwendige mit dem Sinnvollen verbunden, aber ich bin Ihnen sehr dankbar, das hier nochmal präzisieren zu können. Natürlich stehen der Freiraum und die Landschaft in einem engen Zusammenhang mit vielen weiteren Aspekten der Stadtentwicklung. Die ehemaligen Rückseiten der Emscher und ihrer Nebenläufe, die heute zu den Vorzeigflächen werden, sind ein weiteres Beispiel dafür. Nochmal: Zusammenarbeit über die Stadtgrenzen hinaus, bei der Wirtschaftsförderung genauso wie auch bei der Grünentwicklung, sind für uns alle ganz wesentlich. Und diese Vernetzung über die Städte hinweg, zeichnet das Ruhrgebiet aus.

***Prof. Dr. Bernd Sures*_** Unmittelbar dazu noch Frau Raskob.

***Simone Raskob*_** Ich würde das gerne auch nochmal ergänzen, was Carsten Tum gesagt hat. Das Thema Freiraum schafft Stadtraum. Diese Stadtentwicklungsperspektive dient ja nicht nur dazu, Flächenwachstum in Hektar für Freiraum in den regionalen Flächennutzungsplänen zu haben, sondern es führt dazu, dass mehr Menschen auch wieder in den Städten wohnen und leben. Weil wir mit diesem Freiraumentwicklungen die Stadtentwicklung anschieben, weil wir tatsächlich innerstädtischen Brachen qualitativ aufwerten, in dem wir zuerst investieren in Freiräume und Wasser und damit dazu beitragen, das Interesse der Investoren an neuen Entwicklungsgebieten zu wecken. Wenn man das Universitätsviertel in Essen nimmt, das dem ein oder anderen vielleicht bekannt ist, dies war 30 Jahre lang die Schmuddelecke in der Innenstadt. Kein Investor hat sich getraut, auch nur ein müden Mark, später Euro, dort zu investieren. Als der Park 2010 eröffnet war, waren ein halbes Jahr später alle Grundstücke verkauft. Jetzt wohnen dort ca. 1000 Menschen in 500 Wohnungen in der Innenstadt mit bezahlbarem Wohnraum von Mietwohnungen bis Eigentumswohnungen, bis zu 1000 Arbeitsplätze sind entstanden und das innerhalb von einem Jahr. Das heißt, die „Grüne Stadtentwicklung" ist aus meiner Sicht der Motor für die gesamte Stadtentwicklung. Er führt auch dazu, dass wir wieder Bevölkerungszuwachs in die Innenstädte bekommen. Weil die, die pendeln, oder die, die am Stadtrand wohnen, durchaus überlegen, ob sie, wenn sie älter werden und die Kinder in der Ausbildung sind, nicht auch eine Stadt der kurzen Wege haben wollen. Und dazu haben wir im Ruhrgebiet auf Grund der polyzentralen Struktur unserer Städte hervorragende Chancen. Und das ist auch unser Alleinstellungsmerkmal gegenüber anderen Metropolen, ob das nun London oder Paris ist. Wir haben die Chance, in den Innenstädten zu wachsen, ohne alle Freiräume zu versiegeln und damit auch attraktive Wohnungsbau- und Gewerbeflächen- und Büroflächenentwicklung bis in die Innenstädte zu machen, verknüpft mit attraktiven Grün und Freiflächen. Das ist auch ein Thema, was wir bei der Bewerbung zur „Grünen Hauptstadt Europas" natürlich auch spielen und sicherlich auch ein Alleinstellungsmerkmal gegenüber unseren Mitbewerberstädten, und ich denke, diese Erfolgsgeschichten sollten wir viel deutlicher nach außen transportieren und im Übrigen sind diese neu geschaffenen Wohnflächen bei uns auch noch bezahlbar. München, Frankfurt und Hamburg beneiden uns um diese Potentiale in den Innenstädten.

Ich bin davon überzeugt, dass der Emscher Umbau eine dynamische Entwicklungsperspektive auch für den Emscher Landschaftspark im Norden Essens sein wird, weil da die Menschen erstmalig wieder physisch einen Fluss zurückbekommen. Und wenn dieses Wasser da fließt und man da hingeht, dann warten wir nicht mehr auf den Fluss, wie 2010 im Rahmen der Kulturhauptstadt mit dem wunderbaren Projekt dieses Hotels auf der Emscher Insel, sondern wir sehen diesen Fluss. Und wenn die Menschen diesen Emscher Landschaftspark durch die neue Emscher auch wieder physisch erleben, dann glauben sie daran. Der Emscher Landschaftspark ist bislang für viele Bürger nur eine Plangrafik, die nur Fachleute verstehen. Wenn ich die Essener Bevölkerung fragen würde, wo genau ist in Essen der Landschaftspark, wo ist der regionale Grünzug C oder D, dann schauen die mich ratlos an und sagen, weiß ich nicht. Deshalb brauchen wir eine noch stärkere physische Erlebbarkeit, eine emotionale Betroffenheit, eine Identität stiftenden Baumaßnahme wie den Emscher Umbau. Die Emscher und der Emscher Umbau wird eine große Dynamisierung für diesen Park bringen. Und dazu gehören ja auch die vielen Bachzuläufe zur Emscher, die jetzt ja schon umgebaut werden. Und dann brauchen wir da natürlich auch ein ordentliches Marketingkonzept, eine einheitliche Beschilderung und ein erkennbares Leitsystem, damit man den überhaupt findet, diesen Emscher Landschaftspark.

Prof. Dr. Bernd Sures_ Gut, vielen Dank. Wir müssen uns noch schnell auf ein paar Regeln einigen: die Fragen sollten möglichst kurz und präzise sein und die Antworten auch nicht zu lang, weil ich ganz viele Meldungen sehen. Ungefähr jeder von Ihnen hat seine Hand gehoben. Also wir haben noch ein langes Programm vor uns, ich hoffe, Sie haben sich alle darauf eingerichtet. Herr Rohler, direkt dazu.

Prof. Dr. Hans Peter Rohler_ Ich würde gerne das nochmal so ein bisschen in Frage stellen. Wir haben jetzt die ganze Zeit über Stadtentwicklung und über die Bedeutung des Parks für die Stadtentwicklung geredet und alles was da gesagt wurde, ist sicherlich auch richtig. Trotzdem haben wir das als Strategie ja schon seit Jahren. Anders sieht es aus, wenn es um das Thema der Unterhaltung, die Pflege dieser so wichtigen Grünflächen geht, wie kümmere ich mich nachhaltig darum. Ist das sozusagen nochmal ein anderes Themenfeld? Das ist politisch sicher nicht so gut vermarktbar. Ich kann kein rotes Band durchschneiden, wenn ich mich darum kümmere, dass es ordentlich aussieht. Sondern, es ist eigentlich eine „Schwarzbrotarbeit", die langwierig und permanent ist und die einfach wirklich viel Geld kostet. Und im Moment ist die Situation in der Metropole Ruhr - und nicht nur hier - eben so, dass die ganzen öffentlichen Pflegeakteure dieses Geld aus bekannten Gründen nicht haben. Deswegen die Bemühungen, zusätzliches Geld dafür zu organisieren, sei es über Wertschöpfung für anschließende Investitionen, Biomassenutzung oder durch Veranstaltungen. Oder bei den Infrastrukturträgern nachzufragen, ob die laufenden Investitionen in die Unterhaltung der Begleitgrünflächen nicht noch größeren Mehrwert für die Stadtlandschaft erzeugen können. Ich glaube, das ist ein fortwährender Prozess und dieser ist sicher nicht zu Ende mit KuLaRuhr und auch nicht mit einer Neuauflage eines Parkmanagements, sondern es ist einfach eine dauerhafte Arbeit, die wir hier irgendwie in der Region verankern müssen und die vielleicht noch eine zusätzliche Anschubfinanzierung braucht, aber einfach nachhaltig organisiert werden muss. Und da steht man, glaube ich, an vielen Stellen, zumindest was eine regionale Strategie angeht, wirklich noch am Anfang. Jeder öffentliche Akteur kämpft bei der Grünflächenpflege einzeln, mit seinen Problemen in seiner Stadt, mit seinen ständig steigenden Sparzwängen. Und der Benefit der aus einer gemeinsamen Strategie folgen würde, der ist für viele dieser Akteure noch nicht erkennbar. Und das würde ich gerne nochmal an die Vertreter hier auf dem Podium geben.

Prof. Dr. Bernd Sures_ Gut, vielen Dank Herr Rohler. Ich sah eine ganz dringliche Meldung hinten, ich geh jetzt mal nach hinten.

Rainer Kaufmann (Kommentar aus dem Publikum)_ Ich fand es erstaunlich das aus Düsseldorf der Hinweis kam, wir sollten im Ruhrgebiet auf das Schöne, achten, gepaart mit dem Nützlichen. Dass ist genau das, was wir praktizieren, an der Emscher, im Rahmen des Emscher Umbaus. Und ich möchte uns allen zurufen, darauf noch mehr den Blickwinkel zu richten. In Düsseldorf gibt es auch ein positives Beispiel, mit dem Ökotop. Was dort an gärtnerischen Phantasien und Zukunftsentwicklung läuft, das ist erstaunlich. Warum sage ich das, Rainer

Kaufmann, Atelier das gelbe Haus, in der Südstadt von Recklinghausen, ein sozialökonomisches Kunstprojekt, das größte Projekt, was wir machen durften ist die „MährenFurt", ein Emscher Kunstprojekt mit Kunstentwicklung aus der Region.

Prof. Dr. Bernd Sures_ Herzlichen Dank für diesen Kommentar. Ich gebe das Mikrofon weiter an Herrn Strauß.

Dr. Christian Strauß (Frage aus dem Publikum)_ Ich muss jetzt auch noch einmal auf die Siedlungsfrage zurückkommen, Frau Raskob. Herr Noll hat gesprochen von neuen Lagen. Sie sprechen ja selbst auch davon, dass Sie sich freuen, dass der Immobilienmarkt brummen wird. Entstehen denn damit neue Konflikte im Emscher Landschaftspark? Vielleicht auch wenn es neue Interessenten gibt, neue Lagen, neue Preise und umgekehrt? Wenn Sie sagen, es wird da zu neuen Nutzungen kommen für Siedlungsentwicklung, wo wird es denn dann weniger in Ihrer Stadt und gibt es da vielleicht auch Konflikte?

Simone Raskob_ Also ich bin davon überzeugt, beim Wohnungsbau werden wir die Flächenentwicklung pro Einwohner nicht wieder rückwärts drehen können. Wir verbrauchen heute im Schnitt im Ruhrgebiet auch über 40 Quadratmeter pro Einwohner, das war vor 20 Jahren noch bei knapp der Hälfte. Das heißt, es geht darum, qualitativ marktfähigen Wohnungsbau zu bezahlbaren Preisen, in vernünftigen Lagen, möglichst innenstadtnah, ÖPNV orientiert, zu bauen. Und da haben wir natürlich in unseren Ruhrgebietsstädten den Vorteil, dass wir unsere Brachen noch nicht alle komplett erschlossen und entwickelt haben. Der Krupp Gürtel in Essen mit 240 Hektar ist dreimal so groß wie die Innenstadt und einein-halbmal so groß wie die Hafencity in Hamburg. Das heißt, wir haben Potentiale, die fußläufig entfernt sind und dort können wir auch Wohnungsbau-, aber auch Büroflächenentwicklung mit Parkanlagen, Wasserflächenentwicklungen bauen. Und ich denke, wir müssen nur aufpassen, dass uns die Preisentwicklung nicht davon läuft. Da ist das Ruhrgebiet - in Essen haben wir 5,40 Euro Kaltmiete im Schnitt - noch ziemlich preiswert, wenn ich mir das im Vergleich zu Frankfurt, München oder auch Hamburg ansehe.
Selbst Berlin ist inzwischen sehr hochpreisig geworden. Von daher müssen wir gucken, dass wir die soziale Mischung hinbekommen und nicht Verdrängungsprozesse erzeugen.
Integrierte Stadtentwicklung ist eine Stärke des Landes Nordrhein-Westfalens, Karl Jasper hat darauf hingewiesen. Mit der intelligenten Verknüpfung von EU-Fördermitteln, Landesfördermitteln, privaten Investorenmitteln und kommunalen Eigenanteilen können wir inzwischen solche Gebiete auch entwickeln, indem wir Wasserflächen, Parkanlagen vorher bauen und mit städtischen Wohnungsbaugesellschaften, die wir hoffentlich nicht alle verkauft haben als es mal ganz viel Geld dafür gab, können wir auch bezahlbaren Mietwohnungsraum schaffen. Und ich hoffe auch, dass das Thema des sozialen Wohnungsbaus wieder eine Renaissance erfährt. Der Bund hat es wieder entdeckt, nachdem sie das vor zehn Jahren abgeschafft haben. Wir brauchen auch stabile, vernünftige, bezahlbare Mietpreise für alle Bevölkerungsschichten und das ist natürlich eine

Steuerungsfrage über die Bauleitplanung, über die Investoren, über die Partner. Aber das finde ich, können wir im Ruhrgebiet, deswegen habe ich keine Sorge, dass wir da Menschen verjagen und nur noch gut bezahlte Kruppmanager für 12,50 € / m² ansiedeln, sondern wir halten z.B. die Mietpreise in Altendorf immer noch auf einem bezahlbaren Niveau und achten auch auf die Mischung. Und von daher glaube ich, sollten wir die Arbeitszentralität, die das Ruhrgebiet hat nutzen. Schließlich haben wir 140.000 Berufspendler pro Tag alleine in der Stadt Essen die auf der A 40 oder auf der A 52 im Stau stehen. Die sollen in Essen auch bitte möglichst wohnen und nicht jeden Tag 100 km pendeln und das ist, glaube ich, auch eine große Aufgabe, dass wir die Umlandströme, die Verkehrsströme der Mobilität, nachhaltig hinbekommen und möglichst auch Menschen, die bei uns arbeiten, im Ruhrgebiet auch als Wohnbevölkerung gewinnen. Und wenn wir nur 10 % unserer Berufseinpendler als Wohnbevölkerung binden könnten, dann hätten wir eine wachsende Einwohnerzahl in den nächsten Jahren. Und es ist nicht sexy zu schrumpfen, wir wollen nicht schrumpfen.

***Prof. Dr. Bernd Sures**_ Vielen Dank Frau Raskob. Ich leite weiter an Herrn Reich.

***Eduard Reich (Frage aus dem Publikum)**_ Eduard Reich, Landwirtschaftskammer NRW. Zu dem Punkt Zwischennutzung und Nutzbarmachung habe ich eine Frage an Herrn Prof. Dettmar und Herrn Carow. Wir haben hier einen sehr hohen Versiegelungsgrad als typisches Charakteristikum, wir haben teilweise Altlastenverdacht. Wir haben in der Regel eine einseitige Eigentümerstruktur und wir haben in der Regel hohe Buchwerte. Tatsächlich ist es aber sehr wichtig, auch die Potentiale in der Fläche überhaupt erst erkennen zu können und hierzu habe ich eine kuriose Idee, die im Moment durch den jetzigen Rechtsrahmen nicht gedeckt ist. Nämlich, entsprechend dem Landschaftsgesetz, die Untersuchungskosten auf Altlastenverdachtsflächen gegebenenfalls durch Ersatzgeld als Kompensationsmaßnahme zu finanzieren. Das fände ich spannend, wenn man das pilotmäßig auf einer umgrenzten Fläche einmal versuchen könnte.

***Prof. Dr. Jörg Dettmar**_ Ja, jede Form von Flexibilisierung und Überwindung von Segmentierungen finde ich gut. Ich glaube, nur ehrlich gesagt, das das Problem Altlasten, so ein wahnsinniges Problem ist, für das es nicht pragmatische Lösungen gibt. Da ist das Ruhrgebiet übrigens auch, Weltmarktführer im Entwickeln von pragmatischen Lösungen im Umgang mit Altlasten. Egal wie sehr wie darunter stöhnen, wenn wir hier damit zu tun haben, aber gehen sie mal nach Hamburg oder Stuttgart, was die da für einen Aufwand treiben im Umgang mit Altlasten. Insofern sind wir hier eigentlich gar nicht so schlecht, nur da geht noch mehr. Wir müssen diesen Konsens herstellen, dass man an diese Flächen heran kommt und ich glaube, das ist längst noch nicht ausgereizt mit den staatlichen Umweltämtern und den kommunalen Verantwortlichen. Da geht tatsächlich noch mehr und von mir aus auch das Einsetzen von Geldern aus der naturschutzrechtlichen Eingriffsregelung. Ich meine, da hat sich ja in den letzten Jahren sowieso einiges bewegt und wenn man mal zum Beispiel nach Berlin schaut, da kann man nämlich von Berlin lernen. Was die alles mit den Ausgleichs- und

Ersatzmitteln finanzieren, da wundert sich hier mancher Naturschützer. Also es geht offensichtlich einiges.

*Prof. Dr. Bernd Sures_* Vielen Dank. Herr Carow, wollen Sie direkt noch etwas dazu sagen?

*Ulrich Carow_* Die Idee mit dem Einsatz von Ausgleichsgeldern für die Altlastensicherung, die hatten wir auch schon, Herr Reich. Das ist einfach rechtlich nicht machbar. Wogegen ich aber überhaupt nichts hätte, und das ist ja das, was wir vielleicht nochmal gemeinsam auch mit den unterschiedlichen Akteuren, auch aus den Ministerien, diskutieren könnten, wäre, ob wir nicht mal so eine Art Pilotprojekt auf den Weg bringen, wo wir unter Anerkennung der Rechtsgrundlagen, aber trotzdem mit einem „Stillhalteabkommen", mal ausgewählte Flächen mit Altlastenverdacht anders angehen und mal sagen, was wäre wenn? Im Moment fehlt uns die Bewertung einer solchen Situation, weil wir schlicht und einfach nicht die Chance haben, es auszuprobieren und deswegen auch keine Ergebnisse kriegen.

*Prof. Dr. Bernd Sures_* Vielen Dank. Herr Sondermann, ganz kurz, aber Altlasten und Recht, das ist etwas für Sie.

*Dr. Wolf Dieter Sondermann (Kommentar aus dem Publikum)_* Herr Prof. Dettmar, Sie haben in Ihrem ersten Beitrag gesagt, vieles sei schwierig beim Thema Altlasten. In Ihrem zweiten Beitrag haben Sie uns Mut gemacht, neue Dinge auszuprobieren. Ein wichtiges Ergebnis von KulaRuhr ist, dass wir uns konkret mit dem Thema Zwischennutzungsstrategie und Wiedernutzung von Altlastenverdachtsflächen auseinandersetzen. In diesem Zusammenhang erscheinen mir zwei neue gesetzliche Regelungen bedeutsam, die wir uns anschauen sollten. Es ist einmal die Novelle zum Baugesetzbuch, die sich zu den Fragen der Zwischennutzung im Bebauungsplan äußert. Sie schafft damit die Rechtsgrundlagen für eine Zwischennutzung und eine Folgenutzung. Und der zweite strategische Punkt  ist die Novellierung des Altlastensanierung und Altlastenaufbereitung Gesetzes mit einer nachhaltig erweiterten Zuständigkeit des AAV-Verband für Flächenrecycling und Altlastensanierung in Hattingen. Auch hier sollten wir eine aktive regionale Zusammenarbeit nutzen, um die gesetzlichen Neuerungen einmal exemplarisch an einer bergbaubedingten Altlast, vielleicht an der von Herrn Prof. Noll erwähnten Brache in Essen, auszuprobieren.
Jetzt aber zu meiner eigentlichen Frage. Herr Dr. Grün hat ein konkretes Angebot gemacht. Ich würde es begrüßen, wenn wir das Angebot zur Aktivierung der Arbeitsgemeinschaft Neues Emscher Tal als Ausgangspunkt für eine „Dachmarke" zur Verbesserung des Marketings für den Emscher Landschaftspark als Grundlage für eine weitere Integration gerade für die Verbesserung der Lebensqualität in der Metropole Ruhr nutzten. Ich äußere die These: wir Fachleute kennen alle

den Emscher Landschaftspark und arbeiten seit Jahrzehnten darüber. Fragen Sie den Bürger, kennt nur jeder Zehnte den Emscher Landschaftspark als Regionalpark für Freizeit und Erholung. Das ist eine große Marketingaufgabe, den Emscher Landschaftspark als größtes, nicht erkanntes grünes Potential und Zeichen urbaner Lebensqualität unserer Region, zu identifizieren und zu heben.

Prof. Dr. Bernd Sures_ Wir können das auch als Statement stehen lassen, in Anbetracht der Kürze der Zeit, die uns zur Verfügung steht und der unendlich vielen Wortmeldungen, Frau Moebus bitte.

Prof. Dr. Susanne Moebus (Kommentar aus dem Publikum)_ Ich habe nur einen kurzen Kommentar. Wir haben sehr viel gehört über Ökonomie und Ökologie. Ich möchte nur darauf hinweisen, dass damals die Begradigung der Emscher, eine der größten Gesundheitsschutz-Maßnahmen war, die es im Ruhrgebiet gegeben hat. Es hat Seuchen wie Typhus, die Anfang des 20ten Jahrhunderts hier verbreitet waren, beseitigt. Der jetzige erneute Umbau der Emscher hat auch  wieder massive positive Wirkungen auf die Lebensqualität und Gesundheit der Bürger, vielleicht sollte man das Potential Gesundheit mal mit in die Themenfelder aufnehmen. Schließlich ist die statistische Lebenserwartung in der Emscher Region bislang drei bis vier Jahre kürzer als etwa im südlichen Ruhrgebiet. Das heißt, es wird sicher spannend zu untersuchen, ob sich durch Emscher Umbau und Emscher Llandschaftspark in den nächsten Jahren hier etwas verändert.

Prof. Dr. Bernd Sures_ Herzlichen Dank, Frau Moebus, für die wichtige Ergänzung.

Evamaria Küppers-Ullrich (Kommentar aus dem Publikum)_ Küppers-Ullrich  vom Bauministerium NRW. Herr Sondermann hat ja gerade schon auf den Altlastensanierungs- und Altlastenaufbereitungsverband AAV hingewiesen. Jede Kommune ist hier Pflichtmitglied und es ist mithilfe eines sogenannten Risikofonds geplant, Flächen besser wieder in den Verkehr zu bringen. Die Einrichtung des Fonds steht unmittelbar bevor, damit ist dann eine Risikounterstützung bei der Übernahme von Altleistenverdachtsflächen für neue Investoren gegeben.

Prof. Dr. Bernd Sures_ Vielen Dank für die Ergänzung. Ich muss leider an dieser Stelle, selbst wenn es noch mehrere dringliche Fragen gibt, die Diskussion abbrechen. Ich danke den Podiumsteilnehmer, möchte aber zunächst noch ein Abschlussstatement von Herrn Schwarze-Rodrian zulassen.

Michael Schwarze-Rodrian (Kommentar aus dem Publikum)_ Es ist kein

Statement, sondern nochmal der Hinweis auf New York. New York punktet zurzeit auf Strukturwandelflächen. Es ist kein Wunder, dass eine Hafenstadt, die den Hafen nicht mehr braucht, genau diese Hafenflächen wandelt, womit sie aber weltweit Aufmerksamkeit erregen ist, dass sie auf diesen Flächen Parkanlagen entwickeln. Sie machen auch die traditionelle Immobilienentwicklung etc., aber das was sozusagen alle sehen, sind die Parkanlagen. Es ist der ganze Hudson
Riverpark, kilometerlang, viel größer als der hier vorgestellte verhältnismäßig kleine Brooklyn Bridge Park. Es ist der Highline Park, eigentlich eine kleine banale Eisenbahnstrecke, über deren Umgestaltung aber die gesamte Stadt verrückt ist und jedes Wochenende drängen sich da 10.000 Besucher, wie beim Schlussverkauf. Natürlich war dieses Beispiel nicht gedacht, um eins zu eins irgendwas zu übertragen, aber die Begegnung mit den Kollegen in New York gibt ja die Möglichkeit herauszufinden wie diese anderen Stadt- oder Parkmanager ticken. Wie bilden sie die notwendigen Allianzen, um unter anderen Rahmenbedingungen Sachen zusammen zu kriegen? Wie organisiert man, dass man gemeinsam auf einen langfristigen Nutzen und nicht nur kurzfristige ökonomische Interessen setzt? Und natürlich, wie zahlt man auch in ein gemeinsames Label ein? Also wie gelingt es die einzelnen Teile zusammenzufügen, zu einem Ganzen?

Der ein oder andere von Ihnen weiß, dass ich mittlerweile nicht mehr für den Emscher Landschaftspark arbeite, sondern EU-Beauftrager des RVR bin und ich habe heute Morgen mit der Regionaldirektorin gesprochen, ob das okay ist, wenn ich heute Nachmittag etwas anbiete, und sie hat zugestimmt. Und das Angebot heißt, Vertreter anderer Stadtentwicklungs- und Parkprojekte dieser Welt ins Ruhrgebiet einladen und einen internationalen Parkmanager- oder Parkplaner- oder integrierten Stadtentwicklerkongress durchzuführen. Und wir haben heute Vormittag noch überlegt, ob ich schon eine Jahreszahl sagen soll oder nicht. Ich habe gesagt, wir müssen das zwischen den Kollegen, und da meine ich jetzt die, die im RVR am Emscher Landschaftspark arbeiten, noch mal diskutieren, aber eigentlich wäre 2015 gut.

Prof. Dr. Bernd Sures_ Vielen Dank Herr Schwarze-Rodrian für diese Ankündigung. Ich denke, Sie werden mir zustimmen, dass es wert war, diesen letzten Redebeitrag noch zuzulassen.

Prof. Dr. Jörg Dettmar_ Bevor das Allerletzte gesagt ist, noch ein Hinweis, nur damit ich nicht jeden Einzelnen auf dem Podium hier ansprechen muss. Wir haben diese Statements mitgeschnitten, es wird von dieser Veranstaltung eine Dokumentation in Buchform geben. Dort werden alle Vorträge und auch die Beiträge der Podiumsdiskussion enthalten sein.

Prof. Dr. Bernd Sures_ Damit bleibt mir, Ihnen zu danken für die Zeit, die Sie investiert haben auf dem Podium, für die vielen Fragen, die Sie gestellt haben. Ich glaube, wenn wir versuchen einen Schlussstrich unter die heutige Veranstaltung zu ziehen, können wir feststellen, dass eigentlich alle Beteiligten in Forschung, Verwaltung und Politik weiter intensiv an der Entwicklung des Emscher Landschaftsparks arbeiten wollen. Wir sehen, dass das nur geht, wenn wir alle zusammenstehen und sozusagen auch die Pflichten und Verpflichtungen der einzelnen Beteiligten tatsächlich ernst nehmen und versuchen, im Konzert aller, Aufgaben und Probleme angehen. Es nützt nichts, sich einfach über Zwänge und Hemmnisse der Praxis hinweg zu setzen, nur weil wir von Seiten der Wissenschaft kluge Lösungen vorschlagen. Und in diesem Sinne freut es mich sehr, dass wir einen doch recht breiten Konsens erzielen konnten, dass wir die Chancen und Möglichkeiten des Emscher Landschaftsparks sehen und gewillt sind, diesen nach vorne zu bringen. Angebote dazu sind heute gemacht worden. Ich denke, es liegt an uns, diese auch zu ergreifen und dann in eine weitere gute Zukunft zu führen. Herzlichen Dank an alle, bis zum nächsten Mal.